Búsqueda de trabajo y alto a la procrastinación

2 libros en 1

Aprende nuevas maneras de impulsar tu búsqueda de empleo (incluyendo consejos para entrevistas) + Estrategias simples y efectivas para ser más productive

Búsqueda de empleo: Uso de la tecnología para obtener el trabajo adecuado más rápido

El nuevoenfoque para impulsar su carrera con los caztalentos. Consiga su trabajo ideal

Tabla De Contenidos

Introducción **7**

Capítulo 1 - Comienza la Caza **10**
    Siete maneras simples de encontrar el trabajo que usted ama. *11*
    Usando el Internet para encontrar el trabajo de sus sueños *16*
    Cómo encontrar trabajos que no están anunciados. *18*

Capítulo 2 - Un currículum para vencerlos a todos **21**
    Creación de un súper currículum. *21*
    Cómo adaptar su currículum a un trabajo específico. *26*
    Cómo escribir buenas cartas de presentación. *28*

Capítulo 3-Adelante con una cartera en línea **35**
    Consejos para crear una cartera en línea que le permita ser contratado. *36*
    Lo que hay que saber para crear un perfil de LinkedIn irresistible. *39*
    Cómo un blog puede impulsar su carrera. *44*
    Seis Fabulosas Herramientas para Ayudarle a Armar su Portafolio en Línea. *46*

Capítulo 4-Redes para el éxito **48**
    Los fundamentos del trabajo en red. *48*
    Diez preguntas para establecer contactos. *54*
    Cómo trabajar en red si es un introvertido. *56*

Capítulo 5-Autopromoción sin ataduras **60**

Identifique sus fortalezas. *60*

Consejos para crear una marca personal que les traiga a los empleadores. *62*

Estrategias menos conocidas para la autocomercialización. *66*

Capítulo 6-Romper barreras **71**

Cuatro maneras en las que usted podría estar saboteando su propia búsqueda de empleo. *71*

Cómo superar la ansiedad social y la timidez en su búsqueda de empleo. *74*

Desarrolle una Actitud que Atrae el Éxito Ahora. *81*

Capítulo 7 - Secretos de las entrevistas de trabajo **84**

Reglas de oro para hacer una excelente primera impresión en una entrevista de trabajo. *84*

Consejos de expertos para destacar en un mercado competitivo. *89*

Las 10 preguntas de la entrevista de trabajo que siempre debe saber cómo responder. *91*

Capítulo 8 - Hágalo realidad **95**

Lo que necesita saber si está cambiando de carrera. *95*

Siete técnicas de negociación para obtener el salario que desea. *99*

Cómo dar seguimiento a una solicitud de empleo de la manera correcta. *102*

Conclusión **104**

Introducción

Encontrar el trabajo adecuado para usted puede ser un proceso difícil, complicado y a veces estresante. Ya sea que esté buscando su primer trabajo, un mejor trabajo o un trabajo de cambio de carrera, tendrá que desarrollar un plan sobre cómo hacerlo y luego tendrá que encontrar la mejor manera de conseguir el trabajo que está buscando. Muchas personas tienen aspiraciones laborales o de carrera, pero se quedan atascadas en el lugar en el que se encuentran porque no tienen ni idea de cómo conseguir ese trabajo o carrera.

En este libro, voy a proporcionarle las herramientas y consejos que necesitará para conseguir el trabajo que desea. Le diré cómo puede encontrar esos trabajos, estén anunciados o no. También le diré cómo posicionarse por encima de otros candidatos que están solicitando el mismo trabajo.

Mi nombre es David Allen. Soy un experto en cómo conseguir un trabajo. He tenido años de experiencia como director de recursos humanos para múltiples compañías en diferentes industrias. También he trabajado como reclutador, reclutando gente para llenar varios puestos de trabajo corporativos. Y, finalmente, he trabajado como consultor laboral, ayudando a la gente a encontrar su trabajo óptimo. A lo largo de los años, he acumulado muchos conocimientos sobre la mejor manera de que la gente consiga los trabajos en los que está interesada. En mis experiencias, he encontrado que muchas personas no saben cómo conseguir el trabajo de sus sueños y, como resultado, nunca supieron que existía una vacante para ese trabajo, o no sabían cómo colocarse en una posición para conseguir el trabajo que les hubiera gustado tener. Las personas con las que he trabajado en mis puestos de recursos humanos, reclutamiento y asesoramiento a menudo me han animado a escribir un libro y compartir mi vasto conocimiento y años de experiencia con otras personas que podrían beneficiarse de él. Con eso en mente, he escrito este libro.

Si se tomas el tiempo para leer este libro, y si usa los consejos y sugerencias que se aplican a su situación particular, tendrás una gran oportunidad de conseguir el trabajo que deseas. A través de los años, he ayudado a la gente a conseguir trabajos o carreras que nunca pensaron que tendrían la oportunidad de conseguir. Dependiendo de la carrera en la que esté interesado y del nivel en el que se encuentre con su propia experiencia laboral, cada carrera o trabajo requiere un enfoque diferente. No hay una sola manera de encontrar el trabajo que usted desea. Los enfoques de siempre y las plantillas de búsqueda de empleo no funcionan, ya que cada industria, cada trabajo, cada empleador es diferente. Es por eso por lo que tengo la intención de darle un número de maneras de encontrar y conseguir el trabajo de sus sueños que está buscando. Después de leer este libro, usted también encontrará que será más eficiente en su búsqueda de empleo. Aprenderá dónde buscar trabajo, cómo buscar trabajo y luego a buscar los trabajos que le interesan. Esta información no sólo le ahorrará tiempo, sino que también le dará una mejor oportunidad de asegurar el trabajo en el que está interesado y lo colocará por encima del desorden de candidatos para el mismo puesto.

Como consejero de carreras, he podido ayudar a muchas personas a encontrar trabajos o carreras que les convengan. Ya sea que busquen ganar más dinero, utilizar sus talentos o encontrar un ambiente de trabajo o una carrera que se adapte mejor a sus necesidades, he podido orientarlos en la dirección correcta y aconsejarlos sobre cómo podrían lograr el éxito mientras buscan el trabajo o la carrera de su elección. He recibido las gracias de personas que sostienen que la ayuda que les proporcioné cambió la vida. Espero poder hacer lo mismo con usted y, quizás algún día, recibiré un testimonio de usted diciéndome que siempre estará agradecido por la forma en que los consejos de este libro lo colocaron en el camino correcto de su carrera profesional.

Si lee este breve libro y pone en práctica los consejos y las técnicas que se aplican a usted, le puedo asegurar que tendrá la oportunidad de ser usted mismo para encontrar el trabajo que quiere. En mis días de juventud, un viejo amigo mío y yo hablábamos a menudo de los trabajos de ensueño que queríamos tener algún día. Al principio de nuestras discusiones, determinamos algo que todavía se aplica hoy en día: Nunca podrás conseguir el trabajo de tus sueños si no lo solicitas. Por lo tanto, la moraleja de la historia de la búsqueda de empleo es simple: Es muy improbable que se consiga un trabajo que no se persigue. Además de eso, la forma en que usted persigue ese trabajo puede determinar si obtiene el trabajo o no. Si lees este libro y sigues los consejos que son apropiados para ti, tendrás la mejor oportunidad de conseguir ese trabajo. No, no puedo garantizarle que obtendrá el empleo que solicite, pero le garantizo que tendrá la mejor oportunidad de conseguirlo.

Tengo un amigo que ha escrito muchos libros de autoayuda y es considerado un experto en ese campo. Me dice que hay dos tipos de personas que leen libros de autoayuda como éste. Hay quienes leerán los libros y pondrán los consejos y técnicas en un segundo plano, a menudo sin volver a ellos. Luego están los que leen los libros e implementan inmediatamente los consejos y técnicas que derivan del libro. Estoy seguro de que usted puede adivinar cuál de los dos tipos de lectores tiene más éxito. Con suerte, se encontrará en el grupo que implementa el conocimiento que obtienes inmediatamente. Esto le dará la mejor oportunidad de tener éxito en sus esfuerzos por conseguir un nuevo trabajo.

Los consejos y técnicas que ofrezco en este libro pueden proporcionar resultados increíbles, si se toma el tiempo y hace el esfuerzo de ponerlos en práctica. Cada capítulo de este libro está lleno de información sobre cómo puede conseguir el trabajo que desea. Vamos a por ello. Juntos podemos hacer que suceda.

Capítulo 1 - Comienza la Caza

Por dónde empiezo, se preguntará. Buscar trabajo puede parecer abrumador, especialmente al principio de su búsqueda. Es por eso por lo que será importante que usted desarrolle un plan antes de comenzar a solicitar trabajos específicos o en compañías específicas. Estos son algunos pasos que puede seguir para prepararse para encontrar el trabajo que realmente desea.

Decida lo que quiere. Hay toneladas de puestos de trabajo disponibles para que los posibles empleados puedan elegir. Antes de meterse en todo este desorden, primero debe hacerse algunas preguntas que le ayudarán a definir y refinar los trabajos que desea buscar. ¿Qué tipo de trabajo quiere buscar? (Un trabajo de marketing, un trabajo de ventas, un trabajo de servicio al cliente, etc.) Lo más probable es que usted ya tenga una buena idea de qué tipo de trabajo está buscando. Si no es así, le sugiero que entre en algunos de los sitios de trabajo en línea, como LinkedIn, Indeed o Glassdoor, y navegue por las diferentes categorías para determinar qué tipo de trabajo le puede interesar.

Además, usted debe determinar para qué tipo de compañía le gustaría trabajar. Una gran empresa, una pequeña empresa, una mediana empresa o tal vez no le importe. ¿Le preocupa tener un buen ambiente de trabajo? Si es así, ¿alguna de las empresas que le interesan tiene una sólida reputación por el entorno de trabajo que ofrecen? ¿Ha tenido alguna experiencia previa que le pueda ser útil para conseguir un trabajo en alguna industria o compañía en particular? Por ejemplo, el hijo de un amigo mío trabajó como relaciones públicas para una cadena de restaurantes franquiciados. Este fue su primer trabajo al salir de la universidad. Le encantaba la industria de la restauración, pero quería pasar de un trabajo de relaciones públicas a un trabajo de marketing. Como resultado, decidió dirigirse a las cadenas de restaurantes (pequeñas y grandes) y a las empresas franquiciadas (no sólo restaurantes, sino también otras operaciones franquiciadas). Este joven sabía que su experiencia en restaurantes y su experiencia con una empresa franquiciada podían separarlo de otros solicitantes que no tenían la misma experiencia. Por lo tanto, al buscar un nuevo trabajo, será útil determinar qué experiencia previa ha tenido que le pueda ayudar a superar a otras personas que están solicitando los mismos trabajos.

Una vez que haya determinado los tipos de trabajos que desea y los tipos de compañías para las que le gustaría trabajar, querrá desarrollar un currículum vitae. En el próximo capítulo de este libro, esbozaré específicamente cómo puede desarrollar un "súper" currículum, sin embargo, antes de hacerlo, me gustaría darle algunas ideas rápidas sobre cómo va a utilizar ese currículum.

Siete maneras simples de encontrar el trabajo que usted ama.

1)   Redes sociales. Si ya tiene presencia en plataformas de medios sociales como Facebook, Twitter y LinkedIn, estas plataformas pueden ser un excelente medio para que corras la voz de que está buscando trabajo. La excepción a esto, por supuesto, es que, si ya tiene un trabajo querrá mantener en secreto que está buscando otro trabajo. En ese caso, no querrá usar las redes sociales para informar a la gente que está buscando trabajo. Pero si usted no está empleado actualmente o si tiene un trabajo y su empleador actual sabe que está buscando otro trabajo, entonces las redes sociales le proporcionarán una gran manera de hacer correr la voz. Mi forma de pensar sobre la búsqueda de trabajo es que la persona que busca el trabajo debe "decirle al mundo" que está buscando trabajo. Aconsejo a la gente que le haga saber al mayor número posible de personas que está buscando trabajo, ya que nunca se sabe quién podrá ayudarle con eso.

Si aún no tiene presencia en Facebook o Twitter, dudo que establecer una presencia en esas plataformas le vaya a ayudar en esta búsqueda de empleo. Por otro lado, recomiendo encarecidamente que establezca una presencia de LinkedIn incluso si no tiene una ahora, ya que esto podría producir resultados inmediatos, posible o probablemente de alguien que ni siquiera conoce ahora.

2) Diríjase directamente a las empresas. ¿Hay alguna empresa en particular para la que realmente le gustaría trabajar? ¿Alguna compañía que usted piense que sería una buena opción para usted? Si es así, le sugiero que se dirija directamente a esas empresas. Puede hacerlo de varias maneras diferentes. La mejor manera es probablemente entrar en el sitio web de la compañía. Muchas empresas que tienen un sitio web, especialmente las más grandes, ofrecerán oportunidades de trabajo en su sitio. A menudo, estas oportunidades de trabajo se publican en una página a la que se puede acceder en una pestaña que a menudo se denomina trabajos u oportunidades de trabajo, carreras u oportunidades de carrera, o empleo. Estas páginas le permitirán determinar si existen aperturas actuales y cuáles son esas aperturas. Si no hay vacantes en el campo que está buscando y si está realmente interesado, le aconsejo que no se desanime. El hecho de que no haya vacantes hoy no significa que no las haya pronto. Si realmente le gusta la idea de trabajar para esta compañía, puede enviarles una carta de presentación y un currículum vitae, detallando específicamente por qué quieres trabajar para esa compañía o por qué crees que encajarías bien. En estos casos, le sugiero que obtenga específicamente el nombre de la persona que sería responsable de la contratación. Por ejemplo, si está interesado en un puesto de marketing, debe llamar a la empresa y obtener el nombre correcto y el título adecuado de la persona que está a cargo del departamento de marketing de la empresa. Sí, usted podría hacer esto en un correo electrónico, pero los correos electrónicos son muy fáciles de borrar y olvidar, por lo que le recomendaría que utilice una carta anticuada enviada a través de la Oficina de Correos de los Estados Unidos.

Obviamente, no querrás hacer esto por cada compañía a la que se postule, sin embargo, le animo a que envíe a cualquier compañía específica en la que tenga interés y, si no tienen ninguna vacante actual, pídeles que se mantengan en el archivo para futuras referencias siempre que tengan vacantes. También encontré que algo que está escrito o impreso en papel es mucho más difícil de descartar que un correo electrónico que se puede borrar con el simple clic de un botón.

Y otra cosa más con estas cartas y currículums. A menos que su sitio web le indique lo contrario, le sugiero que envíe las cartas a la persona que realmente estará a cargo de la contratación. Por ejemplo, para un trabajo de marketing, su carta estaría mejor dirigida al vicepresidente o al Director de Marketing que al Director de Recursos Humanos. (Además, tenga en cuenta que no sería perjudicial enviar cartas a ambos.)

3) **Use su escuela como un recurso.** Si usted tiene algún tipo de título universitario, ya sea un título universitario, técnico o comunitario, vocacional o comercial, debe saber que es muy probable que esas escuelas tengan departamentos que puedan ayudar a los exalumnos a conseguir trabajo. Como a la mayoría de las instituciones educativas les gusta enmarcar su reputación en los puestos de trabajo que obtienen sus graduados, pueden ser muy útiles para referir a los exalumnos a puestos de trabajo vacantes. De la misma manera, los empleadores a menudo utilizan estos centros de carrera escolar para anunciar vacantes de trabajo. Un amigo mío que tiene una pequeña empresa ha contratado repetidamente a empleados de una escuela de formación profesional cercana, ya que sabe que estos empleados están bien formados y también porque no tiene que pagar para anunciar las ofertas de trabajo. Y también le gusta el hecho de que no se vea inundado de solicitudes de personas que no han tenido la formación adecuada o que no han refinado su búsqueda de empleo. Durante años, he contratado pasantes de verano poniéndome en contacto con la

universidad cercana y siempre me ha impresionado la selección de candidatos que me ofrecen. Así que, ya sea que esté buscando su primer empleo después de graduarse de una de estas instituciones de educación superior o si ya ha tenido otros trabajos desde su graduación, ciertamente debería considerarlos como un posible recurso para encontrar su próximo trabajo.

4) Ferias de empleo. Muchos colegios y universidades, muchas comunidades y ciudades tienen ferias de empleo en las que los empleadores tienen puestos en los que se puede hablar con los representantes acerca de las vacantes y oportunidades de trabajo. Como alguien que está buscando trabajo, estas ferias de trabajo le ofrecen la oportunidad de reunirse con múltiples empleadores, casi todos los cuales están contratando, y de averiguar qué oportunidades podrían tener disponibles. Ellos deberían ser capaces de decirle qué trabajos hay específicamente disponibles y también podrán decirle cómo podría usted solicitar un trabajo allí. Si usted va a asistir sólo a estas ferias de empleo, le sugiero que traiga una buena cantidad de currículos que puede dejar con cualquier empleador que le interese.

5) Corre la voz... a todos. Esto se remonta a mi enfoque de "Cuéntale al mundo". Si está buscando un nuevo trabajo, creo que es importante que le diga a la mayor cantidad de gente posible sobre su interés en encontrar un nuevo trabajo. Una vez más, usted nunca puede estar seguro de quién podría obtener una referencia o una parcela importantes de información que le será útil para conseguir el trabajo que desea. Conozco a una mujer que obtuvo información importante sobre una oferta de trabajo de la camarera de su cafetería. Conozco a un hombre que puso el pie en la puerta para conseguir el trabajo de sus sueños al mencionar el hecho de que quería entrar en una empresa en particular en una fiesta de cumpleaños para su sobrina. La familia de la pareja de una persona que estaba buscando trabajo tenía un compañero de golf de uno de los altos cargos de una empresa y, a través de esta conexión, la persona que buscaba trabajo consiguió una entrevista que nunca hubiera podido conseguir de otra manera. Los clubes de lectura, las fiestas, los happy hours, las actividades de voluntariado, todos ellos ofrecen la oportunidad de difundir la noticia de que está buscando trabajo.

Una vez más, se debe señalar que, si usted tiene un trabajo actual, probablemente tendrá que ser algo discreto en la difusión del hecho que usted está buscando otro trabajo, ya que es posible que no desee que esa información tenga un impacto en su situación laboral actual.

6) **Organizaciones profesionales, asociaciones.** También debe saber que las organizaciones o asociaciones profesionales pueden ser excelentes fuentes de ofertas de empleo en su campo particular. Independientemente de la profesión o campo en el que se encuentre, es probable que exista una organización para los miembros de esa profesión.

Un amigo mío consiguió su primer trabajo como reportero de periódicos a través de la Sociedad de Periodistas Profesionales. Se puso en contacto con el presidente de la sucursal local y ese presidente pudo ponerlo en contacto con un periódico que buscaba cubrir un puesto de reportero. Otro amigo mío tiene un hijo que recientemente se graduó de la escuela vocacional en la que obtuvo un título de electricista. Ese hombre consiguió su trabajo contactando con el sindicato local de electricistas. Pudieron referirlo a dos empleadores diferentes que estaban contratando electricistas.

7) **Carteles de "Ahora se contrata" / Carteles de "Se busca ayuda".** Mientras escribo este libro, la economía en los Estados Unidos es muy fuerte y hay muchas oportunidades de trabajo. Cuando la economía es fuerte como ahora, notará que muchas, muchas empresas tienen letreros de " Ahora se contrata " o " Se busca ayuda " en sus instalaciones. Si usted piensa que cualquiera de estos negocios sería un buen lugar para trabajar, le sugiero que visite el lugar y pida

hablar con el gerente o que complete una solicitud. ¿Hay algunos negocios que usted frecuenta que parecen ser buenos lugares para trabajar? Si es así, tal vez quiera preguntar quién hace la contratación allí y luego presentarse. Debe tener en cuenta que esta es una excelente manera de obtener trabajos de temporada si desea ganar dinero extra. (por ejemplo, la temporada navideña.)

Usando el Internet para encontrar el trabajo de sus sueños

No debería sorprenderle descubrir que el Internet le ofrece una gran manera de ayudarle a encontrar y conseguir el trabajo de sus sueños. Por otra parte, la información de Internet está tan fácilmente disponible y el hecho de que una persona pueda completar una solicitud de empleo en la comodidad de su propia sala de estar (tal vez incluso en pijama), a menudo conduce a muchas más solicitudes para el mismo trabajo. Estas son algunas de las maneras en que puede usar el Internet para conseguir el trabajo de sus sueños:

1)   Supervisar las ofertas de empleo directamente en el sitio web de la empresa. Lo detallé en la sección anterior. El sitio web de una compañía a menudo ofrece una gran manera de averiguar si tienen alguna vacante actual.

2)   Investigue su empresa deseada. En los "viejos tiempos", se animaba a las personas interesadas en trabajar en una empresa concreta a que se pusieran en contacto con el informe anual de la empresa o con la documentación promocional de la misma. Se espera que esta información proporcione suficiente información sobre la compañía para que el solicitante de empleo pueda referirse a parte de esta información en su carta de presentación. Ahora, es extremadamente fácil aprender acerca de cualquier compañía que le pueda interesar. Usted puede simplemente ir a su sitio web, donde puede obtener mucha información sobre los productos que venden o los servicios que ofrecen. Si es inteligente, utilizará parte de la información que obtiene

Búsqueda de trabajo

del sitio web en su carta de presentación a la empresa (junto con su currículum, por supuesto).

3) **Encuentre buenas empresas para trabajar.** No faltan las " empresas para las que trabajar" en Internet. Si no estás totalmente seguro de para qué empresa quiere trabajar, pero sabe que sólo quiere trabajar para una buena empresa, el Internet está lleno de artículos en los que las empresas son buenas para trabajar. Si tiene en mente un área o región en particular, puede afinar fácilmente su búsqueda, es decir, buenas empresas para trabajar en el área de Boston.

4) **Asociaciones profesionales, organizaciones.** Una vez más, cubrí algo de esto en la sección anterior, pero el Internet proporciona una gran manera para que usted pueda encontrar los nombres y la información de contacto de las organizaciones profesionales, asociaciones, sindicatos, fraternidades, etc. Muchas de estas organizaciones publican sus boletines en línea o le permiten recibir copias gratuitas por correo electrónico de sus boletines. Los boletines de noticias proporcionan otra gran manera para que usted aprenda acerca de la industria en la que está interesado. Algunos de ellos incluso contienen anuncios de trabajo.

5) **Sitios de trabajo.** Hay muchos sitios de búsqueda de empleo en Internet. Muchos empleadores utilizan estos sitios para publicar ofertas de empleo y asegurar las solicitudes. Si está buscando trabajo, es importante recordar que muchas empresas utilizan sólo uno o dos sitios para publicar sus ofertas de empleo y que el hecho de no encontrar una oferta para una empresa en un sitio no significa que no vaya a ser publicada en otro sitio. Le sugiero que empiece navegando por varios sitios de trabajo y luego, a medida que se familiarice con

ellos, podrá determinar con qué sitios se siente más cómodo, qué sitios ofrecen la mayor cantidad de empleos en su campo, etc.

Algunos de los sitios de trabajo más populares en la actualidad incluyen: De hecho, Monster, Glassdoor, ZipRecruiter y CareerBuilder. Le animo a que navegue por cada uno de estos sitios varias veces y luego, si desea eliminar algunos de ellos, puede hacerlo después de determinar cuáles son los que tienen más probabilidades de ser eficaces para su búsqueda.

Cómo encontrar trabajos que no están anunciados.

Casi la mitad de todas las ofertas de empleo disponibles nunca se anuncian, por lo que deberá tenerlo en cuenta al realizar su búsqueda. Algunas compañías no anuncian ofertas de trabajo debido al costo que esto implica. Otros no se anuncian porque están interesados en contratar desde dentro. Y algunas empresas no quieren hacer publicidad porque no quieren clasificar la multitud de aplicaciones que podrían recibir a través de la publicidad y la apertura.

Es importante señalar que casi la mitad de todos los puestos de trabajo no se anuncian. Como alguien que está buscando trabajo, esto significa que tendrá que encontrar maneras de acceder a estos trabajos no anunciados.

El medio más popular para encontrar trabajos no anunciados es a través de algún tipo de red. Las redes sociales como Facebook y Twitter pueden ser efectivas para ayudarte a encontrar estos trabajos. Para ello, sin embargo, es probable que necesite tener una presencia establecida en estos sitios. Alguien que tiene de 750 a 1000 seguidores en Facebook o Twitter tiene más probabilidades de tener éxito que alguien que tiene un par de docenas de seguidores. Y si tiene un número limitado de seguidores en tus plataformas de medios sociales, va a ser difícil para ti ganar un número mayor de seguidores en poco tiempo. Así que, si tiene una presencia sólida en Facebook o Twitter, le sugiero que los considere como una posible fuente de información o referencias en su búsqueda de empleo.

Incluso si usted no tiene mucha presencia en Facebook o Twitter, le sugiero encarecidamente que establezca una presencia en LinkedIn, que es principalmente un sitio de negocios que tiene grupos para industrias específicas. Por ejemplo, si usted es ingeniero, LinkedIn tiene un grupo específico para ingenieros. Si usted es un comerciante, LinkedIn tiene grupos específicos para profesionales del marketing. Estos grupos incluyen no sólo a las personas que buscan trabajo, sino también a los empleadores que buscan contratar a personas y a los reclutadores que buscan colocar a personas.

Otra ventaja de LinkedIn es que le ofrece la oportunidad de solicitar múltiples puestos de trabajo en poco tiempo. Ahorrará tiempo al no tener que escribir cartas de presentación. También ahorrará tiempo al no tener que llenar algunas de las tediosas solicitudes que se requieren en algunos de los sitios de búsqueda de empleo o de empresas individuales. De hecho, es posible que pueda solicitar hasta 20 puestos de trabajo en tan sólo 30 minutos (puede que sólo le lleve 30 minutos solicitar un puesto de trabajo en un sitio web de una empresa o en uno de los sitios de búsqueda de empleo de Internet). Dependiendo del tipo de trabajo que esté buscando, debe recordar que buscar trabajo a veces puede ser un juego de números. Cuantos más trabajos solicite, más posibilidades tendrá de conseguir un trabajo. LinkedIn es un gran medio para este enfoque y le animo a que lo utilice como tal.

Y, como se mencionó anteriormente, no ignore otras posibles fuentes de puestos de trabajo no anunciados. Esto incluye asociaciones de exalumnos o centros de carrera escolar y asociaciones u organizaciones profesionales. Y si ha establecido una o varias empresas objetivo, no dude en ponerse en contacto con ellas, aunque no estén anunciando ninguna vacante. Una empresa que no tiene vacantes hoy puede estar a sólo un día de tener una apertura o, mejor aún, puede tener una apertura que aún no ha anunciado.

Otro consejo más para empezar a buscar trabajo. Trate de no enfocarse en los rechazos o la falta de respuestas que recibe. Como se mencionó anteriormente, la búsqueda de trabajo es a menudo un juego de números y es más probable que usted obtenga una entrevista o un trabajo al solicitar muchos trabajos que si solicita sólo unos pocos trabajos. Tenía un amigo que, cuando buscaba trabajo, enviaba un currículum a la vez, esperando recibir una respuesta de esa solicitud antes de enviar otra solicitud. Cuando finalmente admitió que su proceso no tenía sentido, envió múltiples solicitudes al mismo tiempo, dándose cuenta de que nunca podría controlar si un posible empleador estaba interesado en él o no. Mi amigo finalmente se dio cuenta de que sólo hace falta un sí para compensar todos los rechazos y la falta de respuestas. Se dio cuenta de que no podía controlar los resultados, pero sí el proceso. Resolvió solicitar por lo menos 10 trabajos por día hasta que tuviera una oferta de trabajo aceptable. Al final, tuvo tres invitaciones para una entrevista en una semana. Y finalmente tuvo que elegir entre dos atractivas ofertas. Ese fue un buen problema y admitió más tarde que una vez que descubrió el proceso que necesitaba para conseguir un trabajo, los resultados siguieron rápidamente.

Capítulo 2 - Un currículum para vencerlos a todos

Creación de un súper currículum.

Si va a tener la oportunidad de conseguir el trabajo de sus sueños, su primera meta debe ser poner su "pie en la puerta". Si no puede conseguir una entrevista, no tendrá la oportunidad de conseguir el trabajo que quiere. Un currículum vitae de primera clase será una herramienta extremadamente importante para que usted lo utilice en la obtención de entrevistas.

Al desarrollar un currículum vitae, es importante recordar que la compañía o persona a la que le está enviando su currículum probablemente recibirá muchas solicitudes para el mismo trabajo y, para que tenga una oportunidad, su currículum tendrá que hacerle destacar entre los demás solicitantes.

Con esto en mente, aquí hay algunos pasos sencillos que puede utilizar para crear un súper currículum:

1) **Revise las muestras de currículum vitae.** Antes de que usted establezca su propio currículum, será beneficioso para usted saber cómo se ven otros currículums vitae. Usted encontrará muestras de currículum vitae por todo el Internet, incluyendo muestras de currículum vitae que están categorizadas de acuerdo con profesiones específicas, tales como publicidad, mercadeo, ventas, contabilidad, enfermería, secretariado, conserjería, etc.; casi cualquier profesión que usted pueda imaginar. Cuando revise estas muestras de currículum vitae, debe ponerse en el lugar de la persona que está contratando y decidir qué formatos de currículum vitae le interesarían si estuviera en la posición de contratante. Y tenga en cuenta que los currículums vitae a menudo se adaptan a profesiones específicas. Por ejemplo, es probable que un currículum vitae para un puesto de publicidad esté configurado de forma diferente que un currículum vitae para un puesto

de contabilidad. Una vez que tenga una idea de qué tipo de currículum quiere desarrollar, debería....

2) **Busque una plantilla de currículum vitae.** Una plantilla proporciona un enfoque de común para que usted lo utilice en el desarrollo de su currículum vitae. Proporciona un punto de partida para que usted lo utilice en la configuración de su currículum. Aunque lo más probable es que esté modificando o ajustando su currículum vitae para cada trabajo que solicite, la plantilla de currículum le proporcionará una estructura que podrá utilizar para asegurarse de que ha incluido toda la información pertinente en el currículum vitae. Hay toneladas de diferentes plantillas de hojas de vida gratuitas en Internet, incluyendo algunas opciones diferentes de Microsoft Word. Le sugiero que revise algunas plantillas diferentes y encuentre una que se ajuste a su personalidad y también al tipo de trabajo para el que está solicitando empleo. Una vez más, la profesión para la que está solicitando puede determinar cuán creativo querrá ser con el diseño de su currículum. Por ejemplo, se puede esperar que una persona que está solicitando un puesto de publicidad o artes gráficas tenga un currículum más atractivo visualmente que una persona que está solicitando un puesto de contable o de conserje. Si está buscando un sitio web que muestre una buena variedad de currículums de muestra para profesiones específicas, le sugiero myperfectresume.com, donde tienen ejemplos de currículums para muchas profesiones diferentes, que van desde servicios sociales hasta el transporte, pasando por la hostelería, la venta al por menor y la tecnología de la información. Casi cualquier categoría profesional que se pueda imaginar. Este sitio también ofrece algunas plantillas gratuitas para que usted las utilice en el desarrollo de su currículum.

3) **Determine una fuente.** Una vez que haya determinado la plantilla que va a utilizar para su currículum, debe determinar la fuente que desea utilizar para el currículum. Para aquellos de ustedes que no

están familiarizados con lo que es una fuente, es simplemente el estilo de letra que usarán para las palabras de su currículum. Si está escribiendo su currículum en un documento de Microsoft Word, podrá elegir la fuente que desea utilizar. Al determinar el tipo de letra de su currículum, por favor, tenga en cuenta a la persona que está contratando. Siempre sugiero que la gente use fuentes simples y básicas para sus currículums, haciendo que sean tan fáciles de leer como sea posible. Usted no querrá usar un estilo tipográfico elegante en su currículum; esa no es una manera efectiva de destacar entre los demás solicitantes.

4) Añada su información de contacto. Obviamente, usted querrá incluir toda su información de contacto en su currículum vitae, incluyendo su(s) número(s) de teléfono, su dirección de correo electrónico, y por lo menos la ciudad y el estado donde vive. Algunos solicitantes elegirán incluir su dirección completa; otros no. De cualquier manera, el objetivo es que la empresa o persona que realiza la contratación pueda ponerse en contacto con usted fácilmente. Si tiene varios números de teléfono, le sugiero que les dé el número que contestará todo el tiempo. Lo mismo ocurre con las direcciones de correo electrónico. Si tiene varias direcciones de correo electrónico, debe asegurarse de que las da, debe darle sólo su dirección de correo electrónico preferida. Y luego asegúrese de que está revisando su teléfono y sus mensajes de correo electrónico todos los días. Yo tenía un joven al que estaba tutelando que no revisaba sus mensajes de correo electrónico todos los días y, como resultado, perdió una invitación a una entrevista para un trabajo que había solicitado. Si usted está solicitando trabajo, es importante que sea accesible para los posibles empleadores.

5) Escriba su objetivo. En o cerca de la parte superior de cada currículum vitae, usted debe escribir su objetivo al solicitar el trabajo. Esta es una parte de un currículum vitae que a menudo se personaliza, basado en las características específicas del trabajo para el que está solicitando. Con una o dos oraciones, usted enumerará por qué está solicitando el puesto. Por ejemplo, una mujer joven que estaba solicitando un puesto de marketing en una cadena de restaurantes enumeró sus objetivos de la siguiente manera: "Estoy buscando combinar mis tres años de experiencia en marketing con mis dos años de trabajo en una cadena de impresión franquiciada en una industria orientada a la hostelería." Como otro ejemplo, un hombre que busca trabajo como librero en Barnes & Noble enumeró sus objetivos profesionales de la siguiente manera: "He sido un cliente leal y frecuente de Barnes & Noble durante años. Como ávido lector, conozco muchos géneros de libros, y estoy interesado en usar mi pasión y mi conocimiento de los libros en una carrera como librero." Con su objetivo, usted le dirá al reclutador por qué está solicitando el puesto y también, con suerte, por qué es usted una persona idónea para ser contratada para ese puesto.

6)   **Enumere los logros importantes y relevantes.** Con cualquier currículum vitae, será importante que enumere cualquier información que sea relevante para el trabajo que está solicitando. Esta información debe ser colocada en orden de relevancia para el puesto de trabajo. Una vez más, refiriéndose a la joven que solicitaba un puesto de marketing en una cadena de restaurantes, el hecho de que tuviera tres años de experiencia en marketing era obviamente relevante para el puesto para el que solicitaba. En la misma línea, como esa cadena de restaurantes era una cadena que tenía múltiples localizaciones franquiciadas, mencionó que tenía experiencia trabajando con una cadena franquiciada. Aunque su experiencia fue con una cadena de imprentas en franquicia en lugar de una cadena de restaurantes, se dio cuenta de que su experiencia en trabajar con franquiciados de cualquier tipo bien podría ser beneficiosa o aplicable en el puesto para el que estaba solicitando.

7) Preste atención a la descripción del puesto y utilice las palabras clave de esta descripción en su currículum. Hay un par de razones por las que necesita referirse a palabras clave en la descripción del trabajo para cualquier trabajo que esté solicitando. En primer lugar, es posible que sepa o no que algunas empresas utilizan robots de software o programas de software para preevaluar las aplicaciones. Estos bots o programas de software están diseñados para buscar palabras clave que se aplican a la posición de trabajo vacante. Estos bots se utilizan para filtrar los currículums que pueden no pertenecer específicamente a la oferta de trabajo que se anunció. Algunas empresas están inundadas de currículums para ofertas de empleo y el uso de un programa de software ofrece a la empresa una forma de reducir la cantidad de currículums que son vistos incluso por la persona que está haciendo la contratación. Como estos bots están diseñados para buscar palabras clave que a menudo se incluyen en la descripción del trabajo, será importante que coloque algunas de estas palabras clave en su currículum. En segundo lugar, si la compañía o persona que realiza la contratación ha enumerado rasgos específicos o cosas que están buscando de un solicitante y estas cosas son aplicables a usted, entonces usted debe asegurarse de reforzar estas palabras clave al decirle al empleador potencial por qué usted sería adecuado para el trabajo. Por ejemplo, si el anuncio de trabajo dice que el empleador está buscando a un "individuo automotivado", puede mencionar en su currículum que, aunque usted puede tomar la dirección muy bien, también está automotivado hasta el punto en que puede tomar un proyecto y ejecutarlo. Al utilizar algunas de las palabras clave de las descripciones de los puestos de trabajo, no sólo les mostrará que ha leído su anuncio, sino que, lo que es más importante, que es la persona adecuada para el puesto de trabajo.

8) Optimizar y organizar la información. Siempre les digo a los solicitantes de empleo que limiten sus hojas de vida a dos páginas como máximo; posiblemente una página, dependiendo del trabajo que estén solicitando. Al organizar su información, es importante que coloque la información más pertinente cerca de la parte superior del currículum. Por ejemplo, si una persona ha estado trabajando durante 20 años y se graduó de la universidad hace 20 años, su formación académica probablemente va a ser mucho menos pertinente que su experiencia laboral. Por lo tanto, la información sobre educación debería aparecer más abajo en el currículum. O, si una persona está solicitando un trabajo de mercadeo en restaurantes, y ha tenido previamente un trabajo de mercadeo en restaurantes con otra compañía, aunque ese no haya sido su trabajo más reciente, podría ser apropiado listar esa experiencia en restaurantes más cerca de la parte superior del currículum que la experiencia laboral no relacionada con restaurantes.

Cómo adaptar su currículum a un trabajo específico.

Si desea aumentar las posibilidades de obtener una entrevista para los puestos de trabajo para los que está solicitando, es casi seguro que tendrá que adaptar su currículum vitae al puesto de trabajo específico para el que está solicitando. Si no lo hace, es probable que la compañía o la persona que está contratando presuma que usted no está muy interesado en su puesto de trabajo y que es probable que usted caiga hacia el fondo del montón de los currículos.

Una vez que tenga toda la información básica en la plantilla de su currículum vitae, será mucho más fácil adaptar esta información para que se ajuste a cualquier trabajo que esté solicitando.

Hay algunas maneras sencillas de personalizar su currículum vitae para que se ajuste al trabajo que está solicitando:

1) Identifique las cosas que son importantes para el empleador. Puede hacerlo leyendo la descripción del puesto. ¿Qué cosas dice el empleador que están buscando en un empleado? ¿Qué cualidades o rasgos aparecen cerca de la parte superior del anuncio? Es probable que éstas sean más importantes que las cualidades o rasgos que aparecen cerca de la parte inferior del anuncio. ¿El puesto de trabajo menciona algo varias veces o repetidamente? Si es así, esto es probablemente algo que es particularmente importante para el empleador.

2) Una vez que haya identificado las cosas que parecen ser importantes para el empleador en la lista de empleos, debe compararlas con las diversas cosas que aparecen en su currículum. Por ejemplo, si el puesto de trabajo enfatiza que quieren contratar a alguien que tenga habilidades de liderazgo, usted debe encontrar experiencias en sus antecedentes en las que usted tuvo que liderar a otros. Incluso si no ha mencionado previamente el liderazgo en su currículum vitae, debe revisar sus experiencias pasadas para ver si tuvo algún rol de liderazgo y, de ser así, agregar esas experiencias a su currículum vitae hecho a la medida. O tal vez el empleador está buscando contratar a alguien que sea una buena multitarea. ¿Tiene algún ejemplo que añadir a su currículum vitae que demuestre que usted es un multitarea capaz? Si es así, por favor enfatice esto en su currículum. No bastará con enumerar en su currículum vitae que usted es bueno para realizar varias tareas a la vez. La mayoría de los empleadores podrán ver a través de esto. Usted debe dar ejemplos específicos de su experiencia de multitarea. A la hora de adaptar su currículum, le conviene ser lo más específico posible. Si usted está entrevistando para una posición de ventas y ha tenido éxito previo en una posición de ventas, podría mencionar ese porcentaje de incremento en el porcentaje de ventas que tuvo en esa posición anterior. Si usted está siendo entrevistado para un puesto gerencial, podría mencionar que en su trabajo anterior tuvo una plantilla de 14 personas y/o que contrató y capacitó a cuatro nuevos empleados en ese puesto. Cuanto más específico sea, más creíble serás con los ejemplos que está dando.

3) Agregar/eliminar/reordenar/modificar. Al adaptar su currículum a un trabajo específico, es importante que sea flexible en la adaptación de su currículum. No dude en mover los elementos de su currículum, incluyendo el orden de los elementos mostrados. Si algo de tu currículum no es en absoluto pertinente con este trabajo, no dude en eliminarlo. Y si, en base a la descripción del puesto de trabajo, encuentras algún otro paquete de sus antecedentes que pueda ayudarle a conseguir una entrevista, deberías añadirlo a tu currículum. Una vez más, no quieres que tu currículum sea demasiado largo, así que, si está añadiendo algunos paquetes, puede borrar otros. Si no puede incluir toda la información que desea en el currículum vitae, podría considerar la posibilidad de incluir cualquier información adicional pertinente en su carta de presentación.

4) Utilice el currículum vitae adaptado para prepararse para su entrevista. Si tiene la suerte de conseguir una entrevista basada en su currículum personalizado, podrá usar esa información para determinar los puntos de discusión o los puntos de énfasis de su entrevista. Por ejemplo, si la persona que le entrevista le pide que les hable de usted mismo o que le diga por qué estás interesado en su trabajo, podrá usar esos puntos de discusión para responder a esas preguntas, sabiendo muy bien lo que es importante para ellos en su búsqueda de un empleado. En lugar de divagar sobre cosas que pueden no ser importantes para ellos, usted debería ser capaz de identificar las áreas en las que están interesados. Eso debería aumentar sus posibilidades de éxito en cualquier entrevista.

Cómo escribir buenas cartas de presentación.

Siempre que tenga la oportunidad, debe escribir una carta de presentación para acompañar su currículum. Las cartas de presentación le darán la oportunidad de expandirse e ir más allá de su currículum. El objetivo de una carta de presentación debe ser conseguir que la persona que la lea quiera revisar su currículum vitae y, con suerte, tener una idea rápida de por qué usted es un buen candidato para el puesto vacante. Aquí hay algunos consejos, técnicas y pensamientos al azar para escribir una carta de presentación efectiva. Aunque no todos estos consejos pueden aplicarse a su carta de presentación en particular, estas ideas le darán algunas cosas que debe considerar al redactar su carta.

1) Trate de limitar su carta de presentación a una página. Ciertamente, nunca más de dos páginas.

2) Si es posible, dirija la carta de presentación a la atención de la persona que está contratando. Si hace esto, asegúrese de tener la ortografía correcta de la persona cuyo nombre está usando. Usted puede decidir si quiere usar una referencia más formal como la Sra. o el Sr. Yo generalmente prefiero algo menos casual, como los nombres de pila. Sin embargo, si usted está usando un nombre de pila, probablemente debería hacer alguna investigación sobre el nombre con el que se conoce a la persona. Por ejemplo, ¿alguien llamado Charles se hace llamar Charles, Charlie, Chaz o Chuck? ¿James se hace llamar James, Jim o Jimmy? Si va a utilizar un nombre de pila, le sugiero que se asegure de su preferencia de nombre. Si no está seguro del nombre del arrendatario, una simple llamada telefónica a la recepcionista de la compañía debe proporcionarle la información necesaria. Simplemente dígales que desea enviar correspondencia a esta persona y averigüe cuál es su nombre preferido.

3) Su tono en una carta de presentación debe ser conversacional en lugar de formal. Mientras que su currículum debe ser formal, su carta de presentación debe ser mucho menos formal. Las cartas de presentación le ofrecen la oportunidad de "escribir entre líneas", diciéndole al lector quién es usted como persona, por qué está interesado en el trabajo que le ofrecen y por qué es usted un buen candidato para ese trabajo. Cuando esté escribiendo sus cartas de presentación, debe usar un tono de conversación. En otras palabras, escríbalo como lo diría, como si estuviera conversando con la persona que lo está leyendo. Al hacer esto, usted podrá demostrarle a su posible empleador que usted es mucho más que una lista formal de credenciales de currículum vitae.

4) Con su carta de presentación, tendrá que hacer algo más que simplemente resaltar o reescribir la información que incluyó en su currículum vitae.

5) Use su carta de presentación como una oportunidad para ampliar uno o más de los puntos de discusión de su currículum. Expanda por qué usted es la persona adecuada para el trabajo, tal vez destacando con más detalle algunas de sus experiencias o logros. Por ejemplo, si la descripción del puesto de trabajo de la empresa indica que es importante que el solicitante sea un emprendedor, debe destacar el hecho de que trabaja bien con o sin supervisión y que puede llevar un proyecto de principio a fin sin mucha supervisión. Si la empresa está buscando a alguien que pueda realizar varias tareas a la vez y trabajar en varios proyectos al mismo tiempo, debe resaltar cualquier experiencia pasada que haya tenido con ello. He aquí un extracto de uno de mis clientes, que estaba solicitando un trabajo de relaciones públicas que requería atención a múltiples proyectos al mismo tiempo: "La descripción de su trabajo indica que este puesto requerirá la capacidad de realizar varias tareas a la vez. Como asociado de relaciones públicas de IDQ, coordiné muchos proyectos al mismo tiempo, incluyendo el patrocinio de la carrera de botes de leche de la compañía, el apoyo de la compañía a la Fundación Nacional del Riñón en todo el sistema, la competencia juvenil de béisbol Run, Hit, and Throw de la compañía y la coordinación de conferencias de prensa anunciando la introducción del nuevo programa de alimentos institucionales de la compañía. Todos eran grandes programas de relaciones públicas que manejé con éxito". Como usted notará en este extracto, el solicitante ciertamente proporcionó la prueba de que podían manejar múltiples proyectos simultáneamente. Y me gusta el hecho de que fueron muy específicos al detallar esos proyectos. Mucho mejor que decir "soy capaz de hacer varias cosas a la vez" y dejarlo así.

6) Si es posible, su línea de apertura debe ser una que atraiga la atención del lector. Aunque es importante captar la atención del lector, no lo haría con el riesgo de ser cursi o trillado. Usted puede incorporar su experiencia, su pasión o sus logros pasados en la oración inicial. Por ejemplo, aquí están las primeras líneas de una carta de presentación que alguien escribió con una solicitud para un trabajo de librero en Barnes & Noble: "A lo largo de los años, he pasado mucho tiempo en su librería Barnes & Noble. Soy un ávido lector y me encanta el concepto de Barnes & Noble. Con esta pasión y conocimiento de los libros y con mi inclinación por un gran servicio al cliente, siento que seré un gran candidato para el puesto como librero". Con estas líneas de apertura, usted notará que el solicitante menciona el trabajo que está solicitando, felicita a la compañía, explica cómo encajará dentro de esa compañía con su pasión por los libros, y también detalla que es bueno en el servicio al cliente. En sólo tres frases, le ha dado al lector algunas razones por las que debería estar cerca de la parte superior de la pila de currículums.

Si no se le ocurre nada en particular que atraiga al lector, le sugiero que vaya con algo más genérico, como, por ejemplo: "Estoy muy contento de presentarme para su puesto de asociado de marketing en ABC Company. He leído algunos artículos sobre su empresa y he visitado el sitio web de su empresa y, con mi experiencia y entusiasmo, creo que puedo convertirme en un valioso activo allí".

7) Como usted notará en la oración anterior, el solicitante está describiendo lo que puede hacer por la compañía en lugar de lo que la compañía puede hacer por él. Debe evitar mencionar lo que la compañía puede hacer por usted, ya que la persona que está contratando ya sabe lo que la compañía puede hacer por usted.

8) En cualquier carta de presentación, usted debe describir las cosas que puede "aportar al equipo". ¿Cómo puede convertirse en un activo para la empresa que está contratando? Si usted tiene experiencia, conocimientos o pericia que le permitirán convertirse en un activo allí, debe mencionar esas cosas en su carta de presentación. Incluso si no tiene mucha experiencia que aportar, puede mencionar cosas menos tangentes como la energía, el entusiasmo, la pasión, la voluntad de aprender, la voluntad de trabajar duro, etc.

9) Si tiene números para probar su caso, úselos. Por ejemplo, un amigo mío que estaba solicitando un trabajo en ventas enumeró los números de su anterior trabajo en ventas en el que fue el mejor vendedor de una fuerza de ventas de 9. Sus ventas representaron el 36% de las ventas de la compañía, trajo el 20% de los nuevos clientes de la compañía y ganó el título de "Vendedor del Año" cada uno de los tres años que estuvo allí. Otro ejemplo, para alguien que estaba solicitando un puesto de supervisión en el que la persona responsable de contratar, capacitar y dirigir a un personal de unas 10 personas, la solicitante mencionó que había contratado y capacitado con éxito a un departamento de siete contadores o asistentes contables, y que su departamento tenía la tasa de rotación más baja de todos los departamentos de la empresa.

10) Testimonios. Si usted tiene testimonios o comentarios de sus habilidades o talentos, una carta de presentación es un buen lugar para usarlos. Volviendo a la ya mencionada supervisora contable, utilizó el siguiente testimonio en su carta de presentación. "Uno de los empleados que contraté y entrené me dijo que yo era el cuarto jefe que tenía y que yo era el primer jefe que se había tomado el tiempo con ella para hacer de ella una empleada valiosa. Más tarde se convirtió en la empleada del año de nuestro departamento y más tarde me dijo que la ayuda que le había dado tuvo un gran impacto en su carrera". Una vez más, estos testimonios son cosas que usted normalmente no incluiría en un currículum vitae, sin embargo, funcionan bien en las cartas de presentación y podrían ayudar a diferenciarlo de otros solicitantes y llevarlo a la cima de la pila de currículum vitae.

11) No tenga miedo de darse palmaditas en la espalda. Una carta de presentación es un buen lugar para anunciar sus objetivos o logros anteriores. Recuerde, si usted no se alaga durante el proceso de entrevista, nadie más va a hacer eso por usted.

12) Termine fuerte. Su frase o párrafo finales de su currículum será su última oportunidad de impresionar al lector. Asegúrese de terminar fuerte, reiterando posiblemente por qué le gustaría trabajar para la compañía, qué puede aportar a la empresa, o por qué sería una buena opción. Y de nuevo, si usted no tiene ningún activo tangible, tal vez porque está solicitando su primer empleo o porque es nuevo en la fuerza laboral, siempre puede prometer que está dispuesto a aprender o a trabajar duro para convertirse en un activo valioso de la compañía.

13) Editar y revisar. No hace falta decir que necesita revisar su carta de presentación (y currículum vitae) para ver si hay errores ortográficos, gramaticales y de puntuación. Conozco gente que contrata que descarta candidatos perfectamente buenos debido a errores ortográficos o gramaticales, incluso si la ortografía y la gramática no están relacionadas con la oferta de trabajo. Algunas personas ven estas áreas como descuido, falta de atención a los detalles, etc. Por lo tanto, le recomiendo que utilice el corrector ortográfico para revisar su contenido. Además, si usted conoce a personas que pueden leer su currículum vitae y carta de presentación para luego dar su opinión antes de que llegue al posible empleador, debe pedirles ayuda.

Una vez más, el objetivo de cualquier carta de presentación es conseguir que el lector lea el currículum vitae adjunto. El objetivo de un currículum vitae es conseguirle una entrevista. El objetivo tanto de la carta de presentación como del currículum vitae es separarle de todos los demás candidatos para la misma vacante. Tenga esto en cuenta cuando escriba su carta de presentación. Si es tan simple, que no causa impresión, es probable que no consiga una entrevista.

Capítulo 3-Adelante con una cartera en línea

Si quiere aumentar sus posibilidades de conseguir trabajos o proyectos, debería considerar tener una presencia en línea, si es que aún no la tiene. Si puede construir su propia marca personal en línea, podrá complementar cualquier currículum vitae o carta de presentación que envíe. Y puede hacerlo de forma muy económica, incluso de forma gratuita.

Antes de profundizar en lo que usted puede hacer para establecer una presencia en línea que le ayudará a conseguir el trabajo de sus sueños, vamos a discutir brevemente la presencia en línea que ya tiene, especialmente en lo que respecta a los medios de comunicación social.

Antes de que le embarque en su búsqueda de empleo, le sugiero que revise su presencia en los medios sociales y se asegure de que nada de esa imagen afecte su capacidad de conseguir un trabajo. No es ningún secreto que muchos empleadores lo buscarán en los medios sociales antes de extender una oferta de trabajo. He tenido clientes en busca de trabajo que han perdido oportunidades de trabajo debido a su presencia en línea. Uno de mis clientes era un recién graduado de la universidad cuya página de Facebook estaba llena de fotos de fiestas, algunas de las cuales le mostraban en lo que parecía ser un estado de ebriedad. Otro de mis clientes tenía una página en Facebook que estaba plagada de lenguaje inapropiado; otro tenía una página que estaba llena de chismes políticos. Ciertamente, estos artículos deberían haber sido limpiados antes de embarcarse en su búsqueda de empleo. Al buscar trabajo, debe suponer que su posible empleador comprobará qué tipo de presencia en línea tiene, incluyendo plataformas como Facebook, Instagram, Twitter, etc.

Además, probablemente le harán una búsqueda en Google para ver si hay alguna historia o borrosidad sobre usted en Internet. Puede haber cosas sobre usted en Internet que no pueda borrar o limpiar. Pero usted debe saber por lo menos qué información sobre usted está fácilmente disponible en Internet y, a continuación, si alguna de esa información es negativa, probablemente debería tener una explicación para esa información, ya que es posible que un posible empleador le pregunte al respecto. Tuve un cliente joven que fue arrestado por allanamiento de morada en una casa club de golf cuando tenía 17 años. Su nombre apareció en el periódico de la pequeña ciudad y esa información permanece en Internet y es algo que aún le persigue años después. Tiene un nombre inusual, así que no hay duda de que estuvo involucrado en el crimen. Por lo tanto, ahora está preparado para explicar este incidente si se le pregunta sobre él por parte de los posibles empleadores. La honestidad es su mejor política para explicar que fue un error tonto de la adolescencia que lamenta profundamente y que no repetirá.

Por lo tanto, la conclusión es que antes de comenzar su búsqueda de empleo, asegúrese de echar un vistazo a su presencia en los medios de comunicación social. Mírelo a través de los ojos de un posible empleador y asegúrese de que no le va a afectar negativamente. Si es así, corrija lo que pueda corregir y esté preparado para explicar lo que no pueda corregir.

Consejos para crear una cartera en línea que le permita ser contratado.

Ahora que ha revisado y filtrado la presencia en línea que ya tiene, puede seguir adelante y establecer una presencia que le ayudará en sus esfuerzos de búsqueda de empleo. Dependiendo de su profesión o del trabajo que quiera asegurar, tendrá que averiguar si quiere tener una presencia gráfica, una presencia escrita, o ambas. Si usted es un artista comercial, un fotógrafo, un diseñador gráfico, un decorador de pasteles, un planificador de eventos, esas son profesiones o vocaciones que conducen a una presencia visual en Internet. Si usted es un escritor independiente, un experto en presupuestos del hogar, o un consejero de relaciones, esas profesiones son propicias para una presencia escrita en Internet, posiblemente una presencia en un blog. LinkedIn es una plataforma orientada al negocio y al empleo que es probablemente el medio más popular para establecer una presencia profesional en línea. Discutiremos esa plataforma específicamente más adelante en este capítulo. Pero por ahora, me gustaría informarle sobre otras posibles formas de crear una presencia o marca profesional en línea.

1) **Sitio web.** Hoy en día, crear un sitio web sencillo es bastante fácil. No necesita ser un programador y debería ser capaz de configurarlo usted mismo si es un poco experto en tecnología. Los sitios tales como Squarespace, Wix, HostGator, y GoDaddy son todos los anfitriones del sitio web que tienen el sitio barato que recibe que se extiende en el precio de libre a $15 por mes, dependiendo de las características que usted desea. Todos estos sitios están dirigidos a los consumidores que desean crear sitios web sencillos y ofrecen instrucciones sencillas sobre cómo hacerlo. Al tener su propio sitio web personal, usted puede promover algunas de sus habilidades. Mi nuera es planificadora de bodas y tiene un sitio web sencillo que contiene fotos de las diferentes bodas que ha planeado a lo largo de los años. Este sitio web es vital para su negocio y ha obtenido numerosos eventos como resultado del sitio web. Tengo un cliente que es un artista gráfico que también tiene su propio sitio. En el sitio, ha publicado muestras de algunos de los proyectos que ha realizado y utiliza el sitio como un portafolio para sus talentos y habilidades. Aunque ahora trabaja por cuenta propia, antes utilizaba un sitio web similar para conseguir su trabajo como artista corporativo.

Si alguna de sus áreas de experiencia conduce a la representación visual, le sugiero que considere la posibilidad de crear su propio sitio web para promover y mostrar sus talentos. Al hacerlo, también debe asegurarse de que tenga una sección Acerca de usted en la que se habla un poco de usted mismo. Puedes usar esta página como una extensión de su currículum, aunque debería ser mucho menos formal y más conversacional. Puede transmitir toda la información que desee, pero debe recordar que sus espectadores serán los típicos navegadores web que pasarán una cantidad mínima de tiempo en cada página. Por lo tanto, no hay necesidad de escribir un libro sobre usted para esta sección del sitio web.

2) **Blogs.** Tal vez su área de experiencia es más verbal que gráfica. Si es así, podría considerar la posibilidad de crear un blog para promocionarse a sí mismo. Una vez más, hay muchas plataformas de blog baratas disponibles para usted, incluyendo Wix, Squarespace, y WordPress. Los cargos mensuales son muy nominales, y esta es una excelente manera de anunciar sus talentos y experiencia. Por ejemplo, tengo una amiga que es entrenadora profesional de perros. Escribe un blog mensual que incluye historias y consejos sobre entrenamiento de perros. Con su blog, se ha consolidado como una experta en la materia. Puede hacer lo mismo con su blog. Otra amiga mía es una escritora independiente que tiene muestras de unas 25 piezas diferentes que ha escrito en su blog. Por lo tanto, en la búsqueda de un trabajo, usted puede dirigir a un posible empleador a su sitio de blog y que será capaz de pasar tanto tiempo allí como les gustaría en la lectura de sus blogs.

Si no es un escritor competente de profesión, eso no debería desalentarle necesariamente de tener un blog, ya que puede contratar a escritores independientes que pueden hacer eso por usted, a menudo de forma económica. Upwork es una plataforma freelance en la que puede tener blogs escritos desde 15 a 50 dólares por blog. Al contratar a un trabajador autónomo, debe recordar que sólo pueden ser tan buenos como la información que usted les proporcione, por lo que debe estar preparado para proporcionarle un resumen de la información que desea que contenga el blog.

3) YouTube. Tal vez su talento o área de especialización se muestre mejor en formato de video. Si es así, debería considerar la posibilidad de publicar algunos videos cortos en YouTube. Tengo bastantes clientes que se han establecido como expertos en sus campos mediante la publicación de tutoriales en vídeo en YouTube. Conozco a dos personas que son gurús de la tecnología de la información que publican videoclips sobre cómo resolver diversos problemas informáticos para personas que no están orientadas a la tecnología. El tipo que repara mi pequeño motor (cortacésped, aspiradora) tiene una serie de videos tutoriales en Facebook, al igual que mi reparador de electrodomésticos. Con estos tutoriales, hay que señalar que no son necesariamente profesionales, como lo sería un infomercial de televisión. Estos tutoriales son simplemente hechos por una persona, sin equipo de producción. La información proporcionada es mucho más importante que la calidad de la producción y estos videos cortos establecen a los creadores como expertos en su campo. Usted puede hacer lo mismo al establecerse como un experto en su campo y esto definitivamente puede ayudar en la búsqueda de un trabajo.

Cuando un posible empleador está buscando candidatos para un puesto de trabajo, usted podrá saltar a la parte superior de la pila de currículos si puede demostrarles que es un experto en su campo o que es bueno en lo que hace. Como puede descubrir en su propia búsqueda de empleo, conseguir el trabajo de sus sueños a menudo implica mucho más que tener un currículum vitae y una carta de presentación. Usted querrá asegurarse de tener una presencia profesional en Internet.

Lo que hay que saber para crear un perfil de LinkedIn irresistible.

Si busca un empleo o quiere aumentar su visibilidad profesional o establecer su marca profesional, usar LinkedIn es una necesidad. LinkedIn es el mayor sitio de redes profesionales en línea. Es una plataforma que muchos empleadores y reclutadores utilizan para conseguir candidatos. Una plataforma orientada a los profesionales, LinkedIn ofrece a los profesionales la oportunidad de establecer contactos, buscar ofertas de trabajo o candidatos para un puesto de trabajo, y para que los miembros muestren sus habilidades profesionales, talentos, objetivos y logros.

He recopilado algunos consejos sencillos y técnicas que puede utilizar para establecer una presencia de primera clase en LinkedIn. Esta información debería ser beneficiosa para usted a la hora de crear o mejorar su perfil en LinkedIn.

1) **Cuanto más completo, mejor**. Al establecer su perfil en LinkedIn, deberá asegurarse de completar cada sección del perfil. Es probable que un posible empleador desapruebe a un candidato que no tenga un perfil completo. Y al completar su perfil, asegurase de decirle a la gente cuáles son sus habilidades y dónde ha trabajado.

2) **Use un tono de conversación, apasionado y optimista**. Con la información que incluya en su perfil de LinkedIn, siempre debe usar un tono conversacional, algo casual. Con suerte, podrá transmitir algo de su personalidad con su perfil en LinkedIn. Recuerde que cualquier posible empleador estará mirando numerosos perfiles y usted querrá asegurarse de que esta persona tenga una idea rápida de su personalidad mientras lee su perfil. Siempre usa la primera persona (yo) cuando se refiera a sí mismo. Y asegúrese de mostrar su entusiasmo o pasión hacia lo que hace o lo que quiere hacer. Por ejemplo, con mi amigo que buscaba un trabajo de librero, incluyó su pasión en su perfil: "Me encantan los libros. Me encanta leerlos, me encanta discutirlos, me encanta compartirlos con los demás, y estoy seguro de que me encantará venderlos". Con sólo esta breve declaración, el lector comprende rápidamente que esta persona es un amante de los libros. Su pasión se nota inmediatamente.

3) Muestre los números si los tiene. Además de mostrar pasión, muestre números. A los posibles empleadores a menudo les gustan los números, algo tangible para evaluar sus habilidades. Si usted es un artista gráfico, puede mencionar que ha realizado más de 400 proyectos para más de 70 clientes diferentes. Y que la tasa de retención de sus clientes es superior al 95%. Si usted está en el negocio de la publicidad, podría mencionar que una de las campañas publicitarias que diseñó produjo un aumento del 300% de las ventas cuando la meta había sido un aumento del 25%. Cualquier cosa que pueda hacer para correlacionar los números tangibles con sus logros le hará ver mejor a los ojos de cualquier persona que pueda estar interesada en contratarlo.

4) Usa una gran foto tuya. Aunque esto pueda parecer obvio, algunas personas cometen el error de no publicar una buena foto junto con su perfil. En su foto, usted debe estar vestido apropiadamente para su posición o la posición que le interesa. Y, si puede, será bueno si puede usar una foto que lo muestre en acción. Por ejemplo, si usted tiene experiencia como orador invitado y tiene una foto suya hablando con una audiencia, eso puede ser preferible a una simple foto. O si usted es un abogado corporativo, puede poner una foto de su reunión con un cliente o dentro de un tribunal.

5) Escribe un titular que llame la atención. Una vez más, recordando que cualquier posible empleador estará buscando en múltiples perfiles, será importante para usted para captar la atención del espectador tan pronto como sea posible, con la esperanza de que con un titular que llame la atención. Por ejemplo, una amiga mía que es escritora independiente y que ofrece una rápida respuesta ha utilizado un titular de "La pluma más rápida de Occidente" para su perfil. Cualquier cosa que pueda hacer para separarse de otros candidatos le dará una mejor oportunidad de conseguir el trabajo que está buscando.

6) **Añade multimedia a tu perfil.** Los perfiles de LinkedIn le ofrecen la oportunidad de "mostrar y contar" sus talentos, habilidades, experiencias y logros. Cualquier muestra que usted pueda mostrar para decirle a los posibles empleadores por qué usted es la persona para el trabajo o por qué es un experto en su campo aumentará sus posibilidades de conseguir el trabajo de sus sueños. Y, como todos sabemos, a la gente le encantan los acompañamientos visuales. Con esto en mente, deberías ver si puede mejorar su perfil de LinkedIn añadiendo acompañamientos como fotos, videoclips, blogs o presentaciones de diapositivas. Una vez más, todo esto debe estar relacionado con su carrera profesional, con el objetivo de mostrar sus talentos o experiencia. En la mayoría de los casos, estos asistentes visuales deben colocarse en el área de resumen de su perfil.

También puede mejorar su perfil proporcionando enlaces a cualquier artículo sobre usted o fotos suyas en Internet, incluso si es sólo una mención a un logro profesional. Si usted ha sido empleado de una empresa que no es muy conocida, también puede proporcionar un enlace al sitio web de esa empresa, para que el posible empleador pueda hacerse una idea de para quién trabajaba. Al proporcionar enlaces a sus logros profesionales o a sus lugares de trabajo anteriores, también estará dirigiendo cualquier búsqueda que los posibles empleadores puedan estar haciendo sobre usted.

7) **Conexiones.** Con su perfil de LinkedIn, también debe saber que será importante para usted tener un número significativo de conexiones. Como regla general, debe intentar tener al menos 50 conexiones. Cualquier cosa menos que eso puede ser una señal de alarma para los posibles empleadores que pueden pensar que es un ermitaño, que es antisocial o simplemente que no está interesado en conectarse con otros, que no está orientado a la tecnología o a los medios de comunicación social, o que simplemente no es un candidato viable. Al establecer conexiones, debe recordar que no es una competencia para ver quién tiene más conexiones, sin embargo, usted quiere al menos tener suficientes conexiones para establecer su

credibilidad. No añada gente que no conoce. Si tiene suficientes personas que rechazan sus solicitudes de conexión porque dicen que no le conocen, LinkedIn se reserva el derecho de cerrar su perfil.

8) **Mantenga su búsqueda de trabajo confidencial.** Si usted tiene un trabajo actual, es posible que no quiera que su empleador actual sepa que está buscando otro trabajo. Si este es el caso, puede utilizar la configuración de privacidad de LinkedIn para asegurarse de que su empleador actual no sabe que está buscando otro trabajo.

9) **Asegúrese de que la gente sepa cómo encontrarle.** Sólo un recordatorio rápido para asegurarse de que su currículum incluya su información de contacto. (dirección de correo electrónico, apodo de Twitter, blog, etc. -algún lugar donde se revisan los mensajes, al menos diariamente.) Le sorprendería saber cuánta gente olvida incluir esta información simple y pertinente en su currículum.

10) **Solicite recomendaciones.** Será importante que usted tenga las recomendaciones de sus socios comerciales actuales y anteriores. No sea tímido a la hora de pedir a sus contactos que den su testimonio. Y si tiene un área o tema en particular para el que le gustaría que le dieran el testimonio, no dude en decirles qué tema le gustaría que abordaran. Y, recuerda, puede controlar/seleccionar las recomendaciones que aparezcan en su perfil. Por lo tanto, usted puede usar estas recomendaciones para mostrar cualquier área de fortaleza o experiencia en la que esté interesado, y puede cambiarlas continuamente a medida que ajusta sus preferencias.

11) **Grupos.** Una de las mejores características de LinkedIn es que tiene grupos de LinkedIn que pueden ser invaluables para ayudarle a asegurar un trabajo dentro de su industria. Al unirse a grupos relacionados con su industria o profesión, podrá demostrar que está

involucrado y comprometido en esa industria y podrá conectarse con personas que tienen acceso a información sobre ofertas de empleo, tendencias de la industria o temas de conversación, etc. Estos grupos de LinkedIn ofrecen oportunidades continuas y en línea que usted puede utilizar en su búsqueda de empleo.

12) **Incluya siempre el listado actual de trabajos, incluso si está desempleado.** Como la mayoría de los posibles empleadores sólo utilizan el cuadro de título actual en LinkedIn para buscar candidatos, es importante que enumere una posición actual en la sección de experiencia de su perfil. Si usted está desempleado, simplemente debe listar su posición más reciente o la posición o campo que está buscando y luego seguir con una descripción adicional del título en el cuadro de nombre de la compañía. A modo de ejemplo, puede enumerar lo siguiente: Estudiante graduado/especialización en marketing. Liste eso en la caja de título del trabajo actual. Y luego, en el cuadro de nombre de la empresa, escriba "En transición" o "Buscando oportunidades de carrera". De cualquier manera, es importante asegurarse de no dejar vacío el cuadro de trabajo actual, para que los empleadores que estén buscando sólo la sección del cuadro de título actual puedan acceder a su perfil.

Cómo un blog puede impulsar su carrera.

Anteriormente en este capítulo, mencioné que tener un blog puede ser una excelente manera de colocarse por encima de la multitud de candidatos en sus esfuerzos por encontrar un trabajo. Ahora voy a explicar por qué un blog puede ser una herramienta importante para ayudarte a conseguir el trabajo que quieres conseguir.

Los blogs pueden ser usados para complementar su currículum. A pesar de que un currículum resume sus experiencias previas de trabajo y educación, se puede usar un blog para ampliar esa información.

Como los currículos son algo restrictivos en cuanto a la cantidad de información que pueden contener, los blogs le permiten mostrar sus conocimientos y experiencia. Ellos pueden proporcionar a los posibles empleadores una mejor visión de quién es y cuáles son sus talentos y habilidades.

Los blogs le permiten establecerse como un experto o líder en su campo. También proporcionan un excelente medio para que usted construya y promueva su marca personal. Al tener un blog, también establecerá el hecho de que tiene una huella digital: es un experto en Internet y en los medios sociales y sabe cómo usar la tecnología para promocionarse y llegar a los demás. Un blog también mostrará que tiene pasión y orgullo por su carrera o profesión.

Como los currículums y las cartas de presentación están tradicionalmente restringidos a dos páginas o menos, los blogs son una excelente forma de exponer su experiencia y transmitir su identidad a los posibles empleadores. Los empleadores y los reclutadores siempre están buscando maneras de diferenciar a los candidatos de trabajo entre sí.

Al establecer un blog, le sugiero que tenga por lo menos tres o cuatro blogs disponibles para leer inmediatamente después de iniciar sus blogs. Un blog no es suficiente para dar al lector una idea de sus áreas de experiencia. Usted querrá por lo menos unos cuantos blogs para retener al lector. Y luego, después de sus publicaciones iniciales, le recomendaría que agregara un nuevo blog por lo menos una vez al mes, ojalá a la misma hora cada mes. Idealmente, usted tendrá un mecanismo de registro en su sitio de blog que le permite enviarles notificaciones sobre cuándo sus blogs están disponibles en su sitio web. La longitud media de un blog oscila entre 500 y 1000 palabras, aunque sin duda puede utilizar cualquier longitud para sus blogs. Una vez más, si usted no es un escritor competente, pero tiene información valiosa para difundir, siempre puede contratar a un escritor independiente para que escriba sus blogs por usted. Esto se puede hacer de manera económica. Si estás contratando a un freelance para que escriba su blog, debe recordar que un freelance sólo es tan bueno como la información que le proporcione a él o ella.

Seis Fabulosas Herramientas para Ayudarle a Armar su Portafolio en Línea.

Aquí hay algunas herramientas adicionales para que usted las utilice en el desarrollo de su portafolio en línea. Hemos mencionado algunas de estas herramientas antes; otras pueden ser nuevas para usted.

1) **LinkedIn.** Ya hemos discutido esto en profundidad, pero quiero volver a mencionarlo, porque es una herramienta vital para que usted la utilice en el establecimiento de su portafolio en línea. Puede agregar imágenes, vídeos, audios y archivos. Y es gratis.

2) **Vizualiza.me.** Una sólida plataforma que le permite elegir entre una multitud de temas y estilos diferentes para hacer una crónica de su carrera en formato visual. Se conecta a LinkedIn.

3) **Sitios web personales.** Muchos conceptos de sitios web para elegir, incluyendo Weebly, Wix, Squarespace, GoDaddy y HostGator. Estos sitios, que son gratuitos o están disponibles a un precio nominal, permiten a los profesionales construir sus propios sitios personales de forma rápida y sencilla. La mayoría de estos conceptos tienen muchas plantillas y estilos diferentes para que usted pueda elegir en el diseño de un sitio que se adapte a usted, su personalidad y su experiencia.

4) **About.me.** Este sitio ofrece una manera simple para que cualquiera pueda construir una página de presentación que incluya imágenes y texto breve.

5) **Sitios de blogs.** WordPress, Squarespace, y Wix están entre los sitios que son especiales en blogs personales. Todos ofrecen diferentes plantillas de diseño para que usted elija.

6) **PortfolioBox.** Esta es una plataforma de diseño de portafolio que funciona particularmente bien para profesionales que tienen una gran cantidad de elementos visuales para mostrar. Esto incluye fotógrafos, diseñadores gráficos y artistas, que pueden mostrar muchas muestras de sus trabajos en la plataforma. Miles de temas para elegir. Optimizado para la visualización en smartphones y tabletas. También es ideal para otros profesionales de negocios que tienen mucho visual para mostrar.

Como puede ver, hay muchas herramientas y plataformas diferentes disponibles para que usted pueda establecer una presencia profesional en línea que complemente su currículum. Si desea llegar a la cima del grupo como candidato a un puesto de trabajo, la mejor manera de asegurarse de ello será establecer una presencia impresionante en línea, donde podrá transmitir sus talentos y habilidades a un posible empleador que esté buscando encontrar la diferencia entre todos los candidatos a un puesto de trabajo.

Capítulo 4-Redes para el éxito

Antes de que entendiera completamente el concepto de trabajo en red, era reacio a hacerlo. Siempre tuve la idea de que, si trabajaba en red, me vería como una persona egoísta, insistente e incluso molesta. Pero entonces un amigo mío puso el networking en una perspectiva diferente para mí, diciéndome que el networking es simplemente el concepto de mantener los ojos abiertos y construir una mejor relación siempre que sea posible, con la gente que conozco y también con la gente que no conozco. Sin lugar a duda, el trabajo en red puede ser uno de los medios más eficaces para conseguir un empleo.

Los fundamentos del trabajo en red.

Así como el mantra de los bienes raíces exitosos es "ubicación, ubicación, ubicación", el mantra de las redes exitosas es "conectar, conectar, conectar". Puede que no se dé cuenta, pero ya tiene su propia red. Ya sean sus socios de negocios, sus viejos amigos de la escuela secundaria y de la universidad, los padres de los compañeros de escuela de sus hijos, las personas que están en su grupo de voluntarios, o las personas con las que juega a recoger baloncesto, todas estas personas son personas que podrían ayudarle a conseguir su próximo trabajo.

Es importante recordar un par de cosas con respecto al trabajo en red. En primer lugar, debe saber que la gente prefiere hacer negocios con personas con las que tiene algún tipo de conexión. Los currículos y las cartas de presentación son importantes, sin embargo, a menudo son demasiado impersonales para conseguir que alguien le contrate. Segundo, como hemos mencionado antes, la mayoría de los listados de trabajo tienen muchos candidatos. Con esto en mente, usted necesitará un punto de diferencia que lo sitúe por encima de las demás personas que solicitan el mismo trabajo. Por último, debe tener en cuenta que muchos puestos de trabajo no se anuncian. El trabajo en red puede resultar en oportunidades de empleo que no obtendrá a través de los canales regulares de búsqueda de empleo. Tal vez estos trabajos nunca serán anunciados o tal vez aún no lo hayan sido y usted obtendrá un salto en la publicación de trabajos.

Antes de comenzar a trabajar en red, debe hacer una lista de las personas de su red. Al hacer esto, seguramente encontrará que esta lista es mucho más grande de lo que pensaba que sería. En la lista de sus contactos, debe incluir familiares, amigos, vecinos, compañeros de trabajo y colegas, compañeros de escuela secundaria y universitaria, contactos de medios sociales, contactos por correo electrónico y conocidos ocasionales. Y no olvide a otras personas con las que usted hace negocios regularmente, incluyendo a su médico, su dentista, su tintorería, su farmacéutico, su instructor de yoga, su arrendador, su contador, etc. De la misma manera, no olvide a otras personas con las que tenga contacto regularmente, incluyendo miembros cívicos, miembros de clubes de salud, miembros de grupos de voluntarios, miembros de la iglesia, etc.

Recuerde siempre que cada miembro de una red tiene la capacidad de proporcionar información invaluable sobre una vacante de trabajo o puede que conozca a alguien que le pueda ayudar. No ignore a nadie. Un cliente mío, que es ejecutivo de marketing de restaurantes, se enteró por primera vez de la oferta de trabajo que ahora tiene a través de su tintorería. Sí, los tintoreros y los ejecutivos de marketing probablemente se mueven en círculos diferentes, sin embargo, la tintorería tenía un cuñado que trabajaba para una cadena de restaurantes que se estaba preparando para anunciarse para un puesto de marketing. El trabajo en red entre el ejecutivo de marketing y la tintorería fue claro y sencillo. Cuando la tintorería le preguntó al ejecutivo de mercadeo cómo le estaba yendo, el ejecutivo de mercadeo mencionó que estaba entre trabajos y que estaba buscando un trabajo de mercadeo en un restaurante. Irónicamente, el cuñado de la tintorería trabajaba para una cadena de restaurantes y así es como comenzó la red de contactos. La tintorería llamó a su cuñado, confirmó la apertura de la que había oído hablar cuando visitaba a su cuñado, confirmó la apertura y luego puso en contacto a su cliente de tintorería (el ejecutivo de marketing del restaurante) con su cuñado. La bola empezó a rodar, y tres semanas después, después de tres entrevistas, el ejecutivo de marketing tenía un trabajo que había estado buscando.

Al poner a la gente en el modo de trabajo en red, siempre los animo a que desarrollen una mentalidad de trabajo en red. Les digo que "mantengan sus ojos y sus mentes abiertas", que supongan que cualquier persona con la que se encuentren puede proporcionarles información que les ayude a conseguir su próximo empleo. Y usted debe enfocar el trabajo en red como un concepto que es divertido, incluso si tiene una agenda. Si consideras que el trabajo en red es una carga, no lo vas a hacer. Pero si entras con una actitud positiva, descubrirás que disfrutas conectando o reconectando con la gente. Además, si usted está desempleado o empleado en un trabajo que no le gusta, se beneficiará del sistema de apoyo que ofrece la red. Buscar un buen trabajo a menudo puede ser deprimente y usted disfrutará del aliento y el apoyo emocional que puede obtener del trabajo en red.

Si va a ser un buen networker, no puede ir por la vida con las anteojeras puestas. Tendrá que considerar a casi todas las personas que conozca como candidato para que le ayuden en su búsqueda de empleo.

Sí, hay un arte en pedir ayuda. Muchas de las interacciones diarias que tenemos son muy breves y tendrá que encontrar una manera de pedir ayuda sin parecer agresivo o demasiado agresivo. Tendrás que encontrar un estilo que se adapte a su personalidad, pero puede hacerlo con práctica.

Al pedir información o pistas de trabajo, debe recordar que a la mayoría de las personas les encanta ser útiles. Se siente bien ayudar a otros; usted encontrará que la gente estará encantada de ayudarle si pueden. Cualquiera que haya ayudado a otra persona se da cuenta de la satisfacción que usted puede recibir al hacer eso. Además, recuerde que a la gente generalmente le encanta dar consejos y que le gusta que se le pida que dé consejos. Es natural que a la gente le guste ser reconocida por su experiencia y por su potencial para ayudar a los demás.

Ya sea que usted esté desempleado, atrapado en un trabajo de mierda o en un trabajo mal pagado, debe recordar que, en un momento u otro, sus contactos de la red probablemente han estado en la misma posición. Serán comprensivos con su situación y, como resultado, serán rápidos para ayudar si pueden.

Y recuerde, el trabajo en red es una vía de doble sentido. Si usted va a pedir ayuda, también debe estar preparado para ayudar a la persona que le está pidiendo ayuda. Hay un viejo dicho: "Si me rascas la espalda, yo te rascaré la tuya". Es un dicho que describe el concepto de trabajo en red. El trabajo en red no se trata sólo de ayudarse a sí mismo. También se trata de ayudar a los demás. Como dice otro dicho: "Da y recibirás".

Después de que haya armado su lista de contactos, es hora de que empiece a "trabajar" en esa lista. Si está buscando ayuda para encontrar trabajo en la red, tiene sentido que informe a la mayor cantidad de gente posible sobre su búsqueda de empleo. Por supuesto, si ya tiene un trabajo y estás buscando otro, lo más probable es que debas tener algo de discreción al anunciar el hecho de que está buscando un nuevo trabajo. Usted podría perjudicar sus posibilidades de mantener su trabajo actual si se está anunciando abiertamente para otro trabajo. Pero si estás desempleado y se das cuenta de que no habrá ninguna consecuencia negativa en la publicidad de que está buscando un nuevo trabajo, le sugiero que empiece a contactar con la mayor cantidad de gente posible tan pronto como puedas. Por favor, recuerde que nadie puede ayudarle a encontrar un nuevo trabajo si no sabe que usted está buscando uno.

Debería idear un plan de juego sobre cómo va a pedir ayuda a su red. Si usted está desempleado, podría considerar informar a su red de su búsqueda publicando una nota en sus plataformas de medios sociales. Puede hacer lo mismo con su lista de contactos de correo electrónico. Y, con algunas personas, querrás ponerte en contacto con ellas personalmente llamándolas, enviándoles mensajes o conectándote con ellas por cualquier medio posible.

Al solicitar ayuda para conseguir un trabajo, cuanto más específico sea, mejor será su situación. En lugar de la vieja línea de "hazme saber si sabes de algo", debería ser más específico al pedir ayuda. Si está buscando un trabajo de contabilidad en una gran empresa de contabilidad, debe mencionarlo. Si está buscando un puesto de marketing en una cadena de restaurantes o en una cadena de franquicias, debería mencionarlo.

Y siempre mantenga su red actualizada sobre su progreso en la obtención de un trabajo, especialmente aquellos que tratan de ayudarle en sus esfuerzos. Hágales saber si usted obtuvo una entrevista o un trabajo como resultado de la información que le ofrecieron. Siempre agradece a sus contactos, sin importar el resultado y si obtuviste o no la entrevista o el trabajo. Tengo un número de clientes que actualizan semanalmente a sus contactos de su progreso a través de un correo electrónico. Uno de esos clientes incluso ha establecido un tema para sus actualizaciones. Ella lo llama "Encontrar un trabajo para Lisa" y envía una actualización humorística y desenfadada a su cadena todas las semanas. Al hacer esto, sigue recordando a sus contactos su búsqueda de trabajo y también les hace invertir en sus esfuerzos y éxito en la búsqueda de un trabajo.

Siempre advierto a la gente que no se conviertan en redes de "atropello y fuga" o en redes de "aquí hoy, mañana no". Es importante seguir trabajando en red incluso después de conseguir un trabajo. Una vez más, el trabajo en red es una vía de doble sentido y si alguien es útil, no debe simplemente tomar su ayuda y huir. El objetivo es seguir trabajando en red, ya que nunca se sabe cuándo será necesario volver a utilizar la red. Además, usted debe ofrecerse a reciprocar cualquier ayuda que reciba. Si alguna vez puede ayudar a alguien en su red, debe hacerlo. Y, por supuesto, no olvide agradecer a las personas que le ayudan de cualquier manera.

Otra cosa que me gustaría mencionar con respecto a los fundamentos del trabajo en red. Usted debe priorizar sus contactos y luego decidir a quién va a usar como referencia. Al seleccionar posibles referencias de trabajo y personales, obviamente debe asegurarse de que le den una referencia que le permita asegurar el trabajo que espera conseguir. Tuve un cliente que tuvo dificultades para conseguir un trabajo hace unos años. Pasó por varias entrevistas, pero nunca pudo conseguir el trabajo. En algunas de las entrevistas, incluso llegó a la etapa en la que el posible empleador llamaba a sus referencias. Finalmente, mi cliente llamó a uno de los empleadores con los que se había entrevistado y les preguntó por qué no había recibido la oferta de trabajo que se esperaba. El empleador insinuó fuertemente que mi cliente necesitaba revisar sus referencias. Más tarde, mi cliente se dio cuenta de cuál de sus referencias había estado proporcionando referencias "menos que brillantes" y, de hecho, había saboteado la búsqueda de empleo de mi cliente. Hasta el día de hoy, mi cliente aún no está seguro de si estas referencias mediocres o negativas fueron intencionadas o no. Pero rápidamente borró esta referencia de su lista a medida que avanzaba en su búsqueda de empleo.

A medida que se embarca en su búsqueda de empleo, debe asegurarse de preguntar a sus posibles referencias si responden por usted. Con una llamada telefónica o una reunión personal, puede decirles lo que está buscando y cuáles son los puntos que le gustaría que destacaran para que le sirvieran de referencia. Además, es posible que desee mantenerlos informados enviándoles copias de su currículum vitae y cartas de presentación, de modo que pueda asegurarse de que estén al día con sus esfuerzos de búsqueda de empleo y también para conseguir que se inviertan más en su búsqueda de empleo. Ya sea que le envíe

Búsqueda de trabajo

un currículum o no, es importante que mantenga sus referencias al día con respecto a su búsqueda de empleo.

Diez preguntas para establecer contactos.

Si es nuevo en el networking o si no se siente cómodo para hacer networking, he enumerado algunas preguntas que podría hacerle a la gente con la que estás haciendo networking. Cuando la gente me pregunta sobre las mejores formas de establecer contactos, siempre les digo que lo más importante que hay que hacer para hablar con otro miembro de la red es "estar comprometido". No, no estoy hablando de una posible situación matrimonial, pero le estoy animando a "estar interesado" en la conversación que está teniendo. Dele a la persona a la que está hablando toda su atención. Hace algunos años, asistí a un evento para establecer contactos con un amigo mío y me sorprendió observar que mi viejo amigo estaba haciendo un mal trabajo para conectarse con la gente con la que hablaba. No estaba haciendo contacto visual y miraba por encima del hombro de la persona con la que estaba hablando (tal vez tratando de identificar a la persona con la que hablaría a continuación). En general, parecía estar muy desinteresado y distraído. Definitivamente no estaba interesado en la conversación que estaba teniendo y estaba seguro de que la gente con la que hablaba se dio cuenta de su falta de compromiso.

Después del evento de networking, le mencioné mis observaciones a mi amigo, a quien siempre he pensado que tenía un corto período de atención. Se sorprendió de que yo hubiera notado esta deficiencia y decidió cambiar su modo de operación. Meses más tarde, cuando él y yo hablamos, me dijo que había asistido a dos eventos de networking subsiguientes y que se había esforzado por dar a la gente a la que hablaba toda su atención. Se alegró de decirme que ya se había dado cuenta de que estaba teniendo más éxito como miembro de la red. Así que, en resumen, cuando esté trabajando en red, asegúrese de que está comprometido con la gente con la que está hablando.

Estas son algunas de las preguntas que puedes usar cuando estés trabajando en red con personas que no conoces:

1) **¿A qué te dedicas?**
2) **¿Lo disfruta?**
3) **¿Cómo se metió en eso? ¿Tenía experiencia previa? ¿Estudio eso?**
4) **¿Para qué compañía trabaja? ¿Cuánto tiempo lleva trabajando para ellos? ¿Es un buen lugar para trabajar?**
5) **¿Cuál es su parte favorita de su trabajo? ¿En qué proyectos está trabajando ahora?**
6) **¿Qué es lo siguiente para usted? ¿Alguna meta u objetivo profesional?**
7) **¿Qué le gusta hacer fuera del trabajo? ¿Algún interés o pasatiempo?**
8) **¿Hace mucho trabajo en red?**
9) **¿Quiere mantenerse en contacto?**
10) **¿Cómo puedo ayudar?**

Me encanta la actitud de "¿Cómo puedo ayudar?". Hay un popular programa de televisión en la NBC llamado "New Amsterdam" en el que el jefe del hospital de New Amsterdam ha adoptado el mantra "How Can I Help" (¿Cómo puedo ayudar?) en sus interacciones tanto con el personal como con los pacientes. En lugar de simplemente decirle a la gente lo que tiene que hacer, él siempre les pregunta cómo puede ayudar. Las personas con las que está en contacto seguramente apreciarán su oferta para ayudarles en sus carreras y probablemente causarás una gran impresión si puede adoptar esta actitud. Sin embargo, por favor asegúrese de ser sincero con su oferta de ayuda. Y si usted se ofrece a hacer algo por un compañero en la red, debe asegurarse de cumplir sus promesas. Las promesas vacías o la palabrería sin el seguimiento de estas se asegurarán de empañar su reputación como miembro de una red de contactos.

Al hacer preguntas a otros miembros de la red, usted encontrará rápidamente que a la mayoría de las personas les gusta hablar de sí mismos. Y, al hacer preguntas, no tenga un conjunto firme de preguntas para hacer cada una de las personas con las que hable. Siga el flujo de la conversación y deje que la dirección de la conversación lo lleve a donde lo lleve. Un amigo mío era miembro de un sitio de citas y recientemente tuvo su primera y única cita con una mujer que sacó una serie de preguntas escritas para hacerle. En última instancia, se sintió muy incómodo con la situación y dijo que sentía que estaba siendo interrogado. No querrá hacer esto cuando esté trabajando en red. Deje que la conversación le lleve a donde le lleve. Recuerde, el trabajo en red debe ser una actividad casual, no un interrogatorio.

Al hacer preguntas a otros miembros de la red, rápidamente se dará cuenta de que hacer preguntas pronto será algo natural. Y, lo más probable es que, si se convierte en un profesional de la red, también será muy bueno para hacer preguntas a los posibles empleadores durante las entrevistas. Una vez más, recuerde que a la gente le gusta hablar de sí misma y si usted puede hacerles las preguntas correctas, a menudo encontrará que la gente pensará que tuvieron una gran conversación, incluso si ellos fueron los que más hablaron.

Cómo trabajar en red si es un introvertido.

Los estudios muestran que alrededor de un tercio de todas las personas pueden ser clasificadas como introvertidas. Si usted es introvertido, es posible que no desee establecer contactos. Pero, a pesar de sus preocupaciones, los introvertidos pueden seguir siendo profesionales de la red. Si es introvertido, lo más importante que puede hacer en la red es ser usted mismo. No intente ser alguien que no es. No tiene que ser el alma de la fiesta. Usted puede ser notado y ser un miembro efectivo de la red por ser usted mismo.

Encuentro que muchos introvertidos prefieren grupos más pequeños o interacciones individuales. Si es introvertido, puede centrar su atención en estas reuniones o interacciones más pequeñas, ya que es posible que se pierda en un grupo más grande. Y si está en un evento de networking, recuerda que no es la única persona que tiene miedo o que es introvertida. Usted no está solo. Con esto en mente, debe tener en cuenta que habrá otros introvertidos en el evento con los que podrá interactuar. Los introvertidos suelen ser fáciles de identificar. Al igual que las flores de la pared en un baile de la escuela secundaria, probablemente puedas identificar a los introvertidos como aquellas personas que están solas en un rincón sintiéndose incómodas o enterradas en un grupo grande y sin decir nada. Si es necesario, usted puede gravitar hacia otros introvertidos, quienes probablemente le darán la bienvenida a su compañía. Y recuerde, el hecho de que una persona sea introvertida no significa que no tenga contactos valiosos o que no tenga información valiosa que pueda ayudarle en su búsqueda de empleo.

Otra forma de que un introvertido tenga más éxito en los eventos de networking es encontrar un "compañero de networking", alguien que pueda caminar con usted mientras conoce a otros miembros de la red. Los introvertidos a menudo encontrarán útil tener un compañero o una compañera. Incluso si no tiene un compañero, si conoce a alguien más en el evento de networking, no debe dudar en pedirles que le presenten a otros miembros de la red. Esto debería eliminar gran parte de la incomodidad inicial de ser presentado a alguien nuevo.

Y cuando conozca a gente, como se mencionó anteriormente en este capítulo, asegúrese de mantenerse involucrado en su conversación. Estar allí. Mantenga su teléfono en el bolsillo. Escuche lo que dicen.

Conozco a algunos introvertidos que incluso practican para eventos de networking con una lista mental de preguntas para hacer a la gente que conocen. Esto ayudará a prescindir de algunos de los tartamudos y tartamudeos que a menudo pueden ocurrir al conocer a alguien nuevo.

También animo a la gente, especialmente a los introvertidos, a establecer metas y objetivos antes de cualquier evento de networking. Por ejemplo, uno de mis clientes, siempre se fija la meta de conocer a cuatro personas nuevas y conectarse con otras cuatro personas que ya conoce en cada evento de networking. Si puede hacer esto, siente que ha tenido éxito en ese evento.

Y, cuando esté en un evento de networking, asegúrese de no gastar su bienvenida. Después de hablar con alguien durante un tiempo, tenga en cuenta que no quiere quitarle demasiado tiempo y pasar a otro proveedor de servicios de red. No es prudente dominar todo el tiempo de una persona. Después de todo, es un evento de networking, y el objetivo es conocer a un número de personas diferentes.

Y, finalmente, con respecto a los introvertidos, debo mencionar que muchos introvertidos usan Internet para conectarse con otras personas. Esto incluye a personas que aún no conocen. Usted puede conocer nuevas personas en línea a través de grupos profesionales de la red como los que ofrece LinkedIn. Y, con personas que ya conoce, puede seguir trabajando en red con ellas a través de la correspondencia por correo electrónico o de la presencia y el contacto en redes sociales. Al decir esto, cabe señalar que la forma más eficaz de establecer una red sigue siendo la interacción cara a cara, pero el contacto en línea ofrece otro medio para establecer una red.

La conclusión es que el hecho de ser introvertido no significa que se pueda ser un networker exitoso. Hay maneras de superar sus inhibiciones y la incomodidad de conocer a otras personas. Y, a medida que sea más competente en el trabajo en red, se sentirá más cómodo con él. Con suerte, puede convertirse en algo que sea divertido para usted en lugar de algo que teme.

Tanto si es introvertido como si es un extrovertido, puede beneficiarse del poder de una sólida red profesional. Cuando se hace bien, el trabajo en red puede ser una gran herramienta para encontrar un nuevo trabajo o trabajos a lo largo de su carrera. No hay duda de que las personas que están "conectadas" son a menudo las más exitosas. Cuando usted invierte en relaciones, ya sean personales o profesionales, es probable que su inversión pague dividendos a lo largo de su vida o de su carrera.

Capítulo 5-Autopromoción sin ataduras

La autopromoción es el acto de promocionarse o publicitarse a sí mismo o a sus actividades, de manera orquestada o intencional. Es importante que usted se promocione a sí mismo y a sus talentos, especialmente cuando se trata de su búsqueda de empleo. He oído decir antes: "Si no te das palmaditas en la espalda, nadie más va a hacer eso por ti". Este pensamiento es particularmente apropiado para la autopromoción. Usted podría ser una de las personas más talentosas de su profesión, sin embargo, si nadie lo sabe, es poco probable que se beneficie de su talento y experiencia. Si desea asegurar el éxito profesional, es probable que tenga que dedicar algún tiempo a promocionarse a sí mismo y a contarle a otros sobre sus fortalezas, talentos y habilidades.

Identifique sus fortalezas.

Antes de que promueva sus fortalezas, tendrá que determinar cuáles son. ¿Cómo hago eso?, se preguntará. Una de las mejores maneras de hacerlo es simplemente echar un vistazo a las descripciones de sus trabajos anteriores y utilizarlas como punto de partida para enumerar las responsabilidades de esos trabajos. Al hacer esto, usted debe resaltar las responsabilidades que ha tenido en trabajos anteriores, prestando especial atención a las tareas que realmente disfrutó en esos trabajos. Además, echa un vistazo a las tareas que le vinieron naturalmente en esos trabajos, las tareas que le resultaron fáciles de aprender. Es probable que estas sean cosas que le ayuden a identificar sus fortalezas.

Por ejemplo, un cliente mío es un profesional de relaciones públicas. Ha trabajado para tres empresas diferentes en las que ha sido responsable de la promoción de la empresa o de la organización de varios eventos patrocinados por la empresa. A esta mujer le encanta organizar eventos y llevarlos de principio a fin. Esa ha sido una parte favorita de los trabajos de relaciones públicas que ha tenido, y sus experiencias pasadas con eso ayudan a identificar la planificación de eventos como una de sus mayores fortalezas. En el lado menos tangible, esta mujer es una trabajadora incansable que hará lo que sea necesario para completar un proyecto para cumplir con el plazo asignado. Esto también cuenta como una de sus mayores fortalezas.

Otra manera de determinar sus fortalezas es mirar hacia atrás en las revisiones de trabajos anteriores y averiguar qué fue lo que los superiores identificaron como sus fortalezas. Además, sus colegas actuales y anteriores deberían poder ayudarle a determinar sus puntos fuertes. Si es posible, le sugiero que pregunte a estos colegas cuáles son sus fortalezas y talentos.

Otra forma de identificar sus puntos fuertes es examinar las áreas en las que sus colegas buscan consejo o ayuda de usted. Si ellos siguen viniendo a usted por su ayuda o consejo en cualquier área en particular, lo más probable es que vean esa área como una de sus fortalezas. Y, al determinar las fortalezas, también es importante que identifique las tareas o proyectos que le dan energía. ¿Encuentra que pierde la noción del tiempo en alguna de las tareas que ha tenido en sus trabajos actuales o pasados? Si es así, es posible que esto sea algo que le guste, algo que sea una de sus fortalezas. En el peor de los casos, es algo que definitivamente querrá perseguir en futuros trabajos. Idealmente, al promover sus fortalezas mientras busca otro trabajo, debe concentrarse en las cosas que disfruta de su profesión, no en las cosas que no le gustan.

Al identificar sus fortalezas, es importante notar que la habilidad y la pasión no siempre están conectadas. Por ejemplo, yo era un estudiante de la Lista de Honor en la escuela secundaria, pero nunca tuve mucho interés en lo académico. Además, yo era un jugador de béisbol de todas las conferencias a pesar de que nunca tuve mucha pasión por ese deporte. Por otro lado, tenía una verdadera pasión por el baloncesto, pero nunca fui tan bueno en baloncesto como lo fui en el béisbol, ya que fui "desafiado verticalmente" en baloncesto, teniendo que jugar continuamente contra jugadores que eran mucho más altos que yo. Así que, aunque algo sea una fortaleza suya, si no es también una pasión, es posible que no quiera autopromocionar ese talento, ya que podría encasillarle en trabajos en los que es bueno, pero no disfruta haciéndolo.

Consejos para crear una marca personal que les traiga a los empleadores.

El objetivo de la marca personal junto con cualquier búsqueda de empleo es diferenciarte de otras personas que puedan estar solicitando los mismos puestos de trabajo. Como he mencionado antes, tener sólo un currículum y una carta de presentación probablemente no va a ser suficiente para conseguirle el trabajo de sus sueños. Con esto en mente, muchas personas están desarrollando su propia marca personal para mejorar su imagen como expertos de la industria, para detallar y complementar su imagen profesional, y para asegurar los trabajos o proyectos que están buscando.

La marca personal es muy parecida a la marca corporativa. Le da la oportunidad de tomar un papel activo en la gestión y promoción de su propia imagen, en lugar de depender de lo que otros digan de usted. Al establecer su propia marca personal, usted podrá informar a los posibles empleadores y reclutadores acerca de sus fortalezas, talentos y calificaciones. Será capaz de transmitir quién eres y quién quieres ser.

Antes de empezar a establecer su propia marca, primero tendrá que determinar por qué quiere ser conocido. Por ejemplo, la cadena de restaurantes Wendy's es conocida por sus hamburguesas. Aunque anuncia y vende otros artículos como sándwiches de pollo, papas fritas y refrescos, la cadena sabe que la venta de hamburguesas es el componente clave de su éxito. Lo mismo ocurre con su marca personal. Aunque usted pueda tener múltiples talentos y habilidades, necesitará definir sus talentos y habilidades primarias. Necesitará determinar quién es y qué quiere ser. Tendrá que determinar lo que le motiva y lo que puede aportar a un posible empleador.

Luego tendrá que determinar quién es su público y cómo va a llegar a él. En un capítulo anterior, he discutido ampliamente la importancia de un perfil de LinkedIn para la mayoría de las personas que buscan conseguir un trabajo profesional. He visto números de investigación que indican que más del 90% de los reclutadores utilizan plataformas de medios sociales para encontrar candidatos profesionales; casi todos estos reclutadores están usando LinkedIn como la principal plataforma de medios sociales. La excepción podría ser para trabajos extremadamente visuales para los cuales un portafolio hará un mejor trabajo al explicar lo que usted hace o lo que ha hecho. Fotógrafos, artistas, diseñadores gráficos, diseñadores de interiores y otros profesionales similares probablemente se beneficiarán de algunos de los sitios web de portafolio que hemos detallado anteriormente. Sin embargo, incluso con los sitios web de la cartera, LinkedIn es una plataforma que permite a la gente enlazar a las carteras o sitios web. Y algunas personas querrán ampliar su presencia en LinkedIn con sus propios sitios web personales, blogs, podcasts, etc. Cualquier cosa que pueda hacer para dar a los posibles empleadores o reclutadores una mejor idea de quién es usted y cuáles son sus talentos aumentará sus posibilidades de conseguir el trabajo de sus sueños.

Cuando vaya a establecer su propia marca personal, le sugiero que se familiarice con la forma en que los líderes o expertos de su industria se marcan a sí mismos. Visite sus sitios web, blogs, podcasts, artículos de revistas y vea cómo se están promocionando a sí mismos. Al hacer esto, usted recogerá algunas ideas o métodos que querrá imitar. También querrá desarrollar su propio giro para su marca personal y determinar cómo puede mejorar las formas en que estos otros líderes de la industria se están promocionando a sí mismos.

Otra manera de establecer su marca es solicitando entrevistas informativas con los líderes de la industria. Se sorprenderá de lo accesibles que son los diversos líderes de la industria. Usted encontrará que muchos líderes de la industria son generosos con su tiempo y la mayoría de ellos serán genuinos en proporcionarle información que le ayudará en su carrera. Para aquellos de ustedes que no están familiarizados con el concepto de una entrevista informativa, se trata de una conversación informal en la que una persona se sentará con otra persona con el objetivo de obtener información sobre su carrera profesional de esa persona. Una entrevista informativa no es una entrevista de trabajo. En la mayoría de los casos, la persona entrevistada ni siquiera tendrá un puesto de trabajo disponible.

Le daré un ejemplo. Tengo un amigo que tenía un trabajo de marketing en un restaurante a principios de los 20 años. Su objetivo era convertir su trabajo de marketing en un trabajo de marketing deportivo. Como socio de marketing de restaurantes, mi amigo viajaba por todo el país. Siempre que tenía la oportunidad, investigaba a las principales corporaciones de la ciudad que visitaba para ver si tenían departamentos de marketing deportivo. Y luego llamaba para ver si podía concertar una entrevista informativa con un especialista en marketing deportivo. No estaba buscando un trabajo en sí mismo, sino que buscaba principalmente información sobre cómo entrar en el marketing deportivo. Tuvo un éxito tremendo con su enfoque y pudo obtener entrevistas informativas con algunos vicepresidentes de marketing y directores de marketing de compañías que tenían departamentos de marketing deportivo o personas que eran vendedores de equipos deportivos profesionales o universitarios. Mi amigo le preguntó a la gente con la que se había reunido acerca de los caminos que tomaron para conseguir su trabajo en particular y le pidió recomendaciones sobre cómo podría entrar en la profesión del marketing deportivo. Esas entrevistas informativas no fueron amenazantes para la persona que dio las entrevistas; ofrecieron la oportunidad de que una persona ayudara a otra a entrar en la profesión del marketing deportivo. Cabe señalar que, aunque mi amigo se reunió personalmente con muchos de estos vendedores de deportes, eso fue un tiempo antes de que la videoconferencia como Skype o FaceTime estuviera disponible. Con la tecnología actual, es aún más fácil utilizar la videoconferencia para una entrevista informativa. Y si la videoconferencia no es una opción, una simple entrevista telefónica también puede ser efectiva, aunque no tan efectiva como una entrevista cara a cara o video.

Otro consejo para que usted lo utilice para crear su propia marca es desarrollar lo que se conoce como un "campo de ascensores". Para aquellos de ustedes que no están familiarizados con una parcela de ascensor, es simplemente una descripción de 30 a 60 segundos de lo que hacen. Imagínate que conoce a alguien que no ha conocido antes en un ascensor, y le preguntan qué hace. Sólo tiene de 30 segundos a un minuto para comunicarle lo que hace antes de que el ascensor se detenga y usted o el interlocutor con el que está hablando tiene que bajarse del ascensor. El mismo concepto funciona bien con el trabajo en red, en el que usted puede tener tiempo limitado para explicarle a alguien lo que hace.

Una presencia en línea es casi una necesidad para que usted construya su propia marca. Además de LinkedIn, muchas personas ahora tienen sus propios sitios o páginas web personales. Esas mismas personas suelen utilizar otras plataformas sociales como Facebook o Twitter para promocionarse. Con su presencia en línea, es extremadamente importante que considere qué tipo de imagen desea transmitir con su marca personal. Además, es importante que sea coherente con la imagen que representa en las diferentes plataformas.

Y hay más en la marca personal que en la marca online. Como ya se ha comentado anteriormente, cosas como el trabajo en red y la participación en diversas organizaciones o asociaciones profesionales también ofrecen oportunidades para que usted construya su marca personal.

Un amigo mío es dueño de una empresa de productos promocionales que vende artículos promocionales impresos como camisetas, gorras, tazas de café, bolígrafos, casi cualquier cosa en la que se pueda imprimir un logotipo corporativo. Como parte de su marca personal, desarrolló un personaje de dibujos animados que llamó Promoman. Promoman es un personaje mono y memorable que lleva una capa de superhéroe con una gran P en el pecho. Mi amigo incluye ese personaje en todos los materiales promocionales de su empresa. Esta forma de hacer marca ha sido muy efectiva para que los clientes y clientes potenciales recuerden la compañía de mi amigo. Otro amigo mío tiene un negocio de mantenimiento que realiza varias reparaciones residenciales, principalmente para personas que no son buenas arreglando cosas en la casa. Se llama a sí mismo Handy Dan y utiliza ese apodo para marcarse a sí mismo y a su empresa unipersonal.

Establecer una marca personal no es una proposición de "uno y hecho". Usted necesitará continuar revisando y actualizando su marca personal, así como las compañías y corporaciones están continuamente modificando o ajustando sus marcas. Le recomendaría que revise su presencia en línea al menos una vez al mes, incluso si tiene un trabajo. De este modo, se asegurará de que su marca se mantenga fresca y no se quede obsoleta.

Estrategias menos conocidas para la autocomercialización.

Aunque ya he descrito las técnicas de auto-marketing más conocidas, hay algunas formas adicionales en las que puede construir su marca personal. A continuación, he enumerado algunas de las diferentes formas en las que puede promocionar su marca. Casi todas estas técnicas le ofrecen formas económicas de mejorar su marca.

--**Busca reconocimiento por su experiencia**. Si usted está bien informado en alguna área en particular, debe establecerse como un experto en ese nicho. El amigo que es vendedor de productos promocionales participó en un concurso de la asociación en el que ganó un premio por una campaña que hizo para uno de sus clientes. Recibió un premio de la asociación por la creatividad exhibida en esa campaña de marketing e inmediatamente aprovechó ese premio enviando un comunicado de prensa al periódico local y publicando esas noticias en sus sitios de medios sociales y en su sitio web personal. Al hacerlo, se estaba estableciendo como un experto en la industria de productos promocionales.

--**Comparta su sabiduría**. Si usted tiene información valiosa para impartir, compártala con otros. El mismo vendedor de productos promocionales mencionado anteriormente promociona su marca realizando seminarios en las ferias de la asociación nacional. También ha participado como orador invitado en algunos de esos espectáculos, conferencias y convenciones. Aunque rara vez se le paga por sus esfuerzos, aproveche estas oportunidades para establecerse como un experto en su campo.

Tengo otros dos conocidos que mejoran sus marcas ofreciendo realizar un programa de radio de una hora de duración en el que la gente puede llamar a la estación para pedir consejo. Uno de estos conocidos está en el negocio de la reparación de computadoras y, en un programa llamado "Tech Talk", recibe llamadas de personas que están teniendo problemas con sus computadoras o están buscando consejo sobre computadoras. A cambio de sus servicios no remunerados, la estación le permite promocionar su propia compañía/marca a lo largo del espectáculo. El otro conocido es un mecánico de automóviles y hace algo muy parecido, presentando un programa llamado "Car Talk" en el que contesta llamadas todos los sábados por la mañana de oyentes de radio que tienen problemas con el coche o tienen preguntas sobre el coche. También he escuchado programas de radio similares de planificadores financieros, jardineros, abogados, comerciantes de acciones y agentes de bienes raíces.

Además de los programas de radio, puede compartir su sabiduría y promover su marca escribiendo su propio blog, escribiendo blogs de invitados para otros sitios web, publicando comentarios en otros blogs, impartiendo un curso de educación comunitaria. Uno de mis clientes tiene una pasión por el béisbol de las grandes ligas y dirige un sitio que destaca su equipo favorito de béisbol. Una de las cosas que hace para construir su marca es que participa en varios blogs o foros de béisbol de las grandes ligas y ofrece su opinión sobre algunos de esos blogs o temas. Al hacerlo, a menudo trabaja en nombre de su propio sitio. Sin embargo, no es descarado al hacer eso, ya que no quiere que su comentario o contenido sea marcado como spam. El mismo tipo escribe blogs de invitados para otros sitios web de béisbol. Escribe estos blogs de forma gratuita a cambio de poder mencionar su sitio web en la parte inferior de su blog. Y finalmente, también aparece como "experto" invitado en varios programas de radio locales, donde habla de su equipo de béisbol de las grandes ligas locales.

   --Dar una clase. La mayoría de las comunidades u organizaciones patrocinan clases en las que las personas pueden recibir educación sobre diversos temas. Una vez más, la mayoría de estos conciertos de enseñanza son conciertos no remunerados, sin embargo, le permitirán la oportunidad de promocionarse como un experto en su campo.   Mi vecino trabaja para una tienda de cebo y aparejos; y enseña a una clase comunitaria de educación de adultos sobre cómo hacer sus propios señuelos y moscas para pescar. Otro amigo mío se une a un amigo diseñador gráfico para ofrecer un curso de educación comunitaria sobre cómo publicar y comercializar su propio libro. (El diseñador gráfico instruye a los asistentes a la clase sobre cómo obtener un diseño de portada económico y cómo formatear el libro). Estos dos chicos también han hecho este mismo curso para algunas de las bibliotecas del área.

--**Podcasts.** Mi hermana y su marido crean podcasts sobre la crianza de los hijos y han convencido a una emisora de radio y televisión locales para que les proporcionen enlaces a sus podcasts. Un reparador de electrodomésticos local ha desarrollado y publicado algunos videos en YouTube en los que le dice a la gente cómo reparar varios electrodomésticos. Obviamente, se ocupa principalmente de problemas de reparación simples, pero es muy consciente de que las personas con problemas más complicados recurrirán a él cuando ellos mismos no puedan arreglar algo.

--**Marca todo lo posible.** Aunque nadie sugeriría que usted tiene un tatuaje de su marca en la frente, usted debe ser consciente de marcar tantas cosas como sea posible. Si es posible, coloque su nombre y membrete personal en cualquier correspondencia que envíe. Lo mismo ocurre con los correos electrónicos. Si usted es un contador, en lugar de utilizar una carpeta de existencias de la tienda de artículos de oficina para llevar a cabo las declaraciones de impuestos de una persona, debe asegurarse de que la carpeta esté impresa o contenga una etiqueta con su propia marca personal. Si usted está enviando una carta de presentación con su currículum vitae o una propuesta de negocio a clientes potenciales, o una nota de agradecimiento a alguien que le concedió una entrevista, debe incluir su propia marca personal siempre que sea posible. El vendedor de productos promocionales que he mencionado anteriormente en este capítulo regala pequeños muñecos de su personaje Promoman a los clientes que hacen pedidos de 1000 dólares o más. Este personaje le cuesta menos de 10 dólares y le ofrece una manera de mantener su marca frente a sus clientes durante todo el año.

--**Manténgase en contacto con su red.** Los saludos de cumpleaños, los saludos de vacaciones, las notas de agradecimiento y las respuestas a las publicaciones en los sitios de redes son todas formas en las que puedes mantenerte al frente de tu red. Y no limite su correspondencia o auto-marketing a contactos profesionales. Los amigos y la familia también pueden ser una parte valiosa de su red.

--Ser un patrocinador de la comunidad. Independientemente de la comunidad en la que viva o de las comunidades en línea en las que participe, la mayoría de esas comunidades organizan eventos en los que buscan patrocinadores o voluntarios. Estos eventos le ofrecen la oportunidad de promocionar su propia marca. Una amiga de mi esposa tiene un trabajo adicional en el que vende salsa casera. Ella está tratando de convertir su ajetreo lateral en un negocio de tiempo completo. En un esfuerzo por construir su marca, a menudo dona productos a varias organizaciones. Para un festival de la iglesia local, donó salsa y papas fritas para que la gente probara en uno de los puestos del festival. La gente que probaba su salsa podía entonces registrarse para ganar un año de suministro de su salsa. Al participar como patrocinadora del festival de la iglesia, esta mujer no sólo pudo conseguir que mucha gente probara su producto a bajo costo, sino que también pudo construir su marca a bajo costo.

En resumen, la autopromoción es una mentalidad, una actitud. Hay muchas maneras diferentes para que usted construya su propia marca personal. Aunque no querrá usar todas las técnicas de autopromoción mencionadas anteriormente, deberá ser capaz de usar muchas de ellas en sus intentos de establecerse como un experto en su campo y crear su propia marca personal. Y, lo mejor de todo, con muchas de estas técnicas, no tendrá que gastar mucho dinero para lograr sus objetivos. Es una simple cuestión de tomar conciencia de las oportunidades que le rodean y luego establecer un plan sobre cómo va a construir su marca.

Capítulo 6-Romper barreras

Al proporcionarle consejos y técnicas sobre cómo encontrar trabajo, me doy cuenta de que podría ser un poco presuntuoso al no señalar que algunos de ustedes pueden estar luchando batallas personales o inhibiciones en la búsqueda de un trabajo. Tal vez está saboteando sus propios esfuerzos para conseguir un nuevo trabajo sin siquiera saberlo. Tal vez usted es alguien que es propenso a la ansiedad social o a la timidez y la idea de buscar un nuevo trabajo le resulta simplemente espantosa. La búsqueda de empleo, la creación de redes, la creación de una cartera en línea, la creación de una marca y la autopromoción son actividades que requieren una actitud y un modo de pensar correctos. Si usted no está en el modo correcto de pensar con respecto a cualquiera de estas tareas, puede estar obstaculizando sus propias posibilidades de conseguir el trabajo que desea.

Cuatro maneras en las que usted podría estar saboteando su propia búsqueda de empleo.

A veces inhibimos nuestros propios esfuerzos para conseguir un trabajo, incluso sin saber que lo estamos haciendo. He aquí algunas maneras comunes en que la gente se interpone en el camino de sus propios esfuerzos para conseguir un trabajo.

1) **Está usando un lenguaje poco realista.** Algunas personas cometen el error de usar un lenguaje poco realista, especialmente en la correspondencia escrita, como las cartas de presentación. A lo largo de los años, he tenido clientes que han afirmado ser "perfectas" para los puestos de trabajo para los que están solicitando. O dirán en su carta de presentación algo así como "Estoy seguro de que estarás de acuerdo en que estoy altamente calificado". Con palabras como ésta, usted no

deja espacio para otra cosa que no sea un sí o un no del posible empleador. Si yo soy la persona que está contratando y leo una carta de presentación que dice que usted es la "persona perfecta" para el trabajo para el que estoy contratando, mi respuesta inicial es decirme a mí mismo: "Bueno, ya lo veremos". O si me estás diciendo que estás seguro de que estoy de acuerdo con algo, básicamente me estás diciendo que me estás quitando mi papel como la persona que hace la contratación. Sí, está bien mostrar un aire de confianza con sus declaraciones, pero no es probable que tenga éxito si es demasiado descarado o arrogante con las declaraciones que hace.

2) Está solicitando trabajos para los que no está calificado. Para determinar los puestos de trabajo para los que va a solicitar, es importante que se fije metas realistas. Sí, está bien soñar a lo grande, pero tendrá que ser práctico para determinar sus posibilidades de conseguir un trabajo determinado, a menos que quiera perder el tiempo o girar mucho las ruedas durante la búsqueda de trabajo. Por ejemplo, si su trabajo actual es como una persona de marketing de nivel de entrada, es poco probable que pueda conseguir un puesto de vicepresidente de marketing para una gran empresa. Si usted puede ser realista en sus expectativas, encontrará que su búsqueda de empleo será mucho más eficiente.

3) Usted está resaltando habilidades que no están relacionadas con el trabajo que está solicitando. Si tiene experiencia previa centrada en la gestión de un gran equipo de empleados, pero el trabajo que está solicitando no incluye la gestión de un equipo, entonces no hay razón para destacarlo en su currículum o en su carta de presentación. Está bien mencionar esta experiencia si es una parte importante de su historia laboral, pero no la coloque cerca de la parte superior de su currículum ni la resalte en su carta de presentación. O, si hablas chino mandarín, pero eso no tiene nada que ver con el trabajo que estás solicitando, ni siquiera lo mencionaría. Al solicitar cualquier puesto de trabajo, debe referirse a las palabras clave en la descripción del puesto y luego relacionar cómo su experiencia o pericia encaja con lo que el posible empleador está buscando. Muchos solicitantes de empleo cometen el error de no adaptar su currículum vitae a los empleos que solicitan. Sea flexible con su currículum. Si una de las palabras clave en el puesto de trabajo es experiencia de gestión, y si tienes experiencia de gestión, aunque no haya sido su trabajo más reciente, no debe dudar en acercar esa experiencia de gestión a la parte superior de su currículum y también mencionar esa experiencia en su carta de presentación. Sea flexible en la adaptación de su currículum vitae al trabajo que está solicitando.

4) Está ignorando o tratando de ocultar su falta de requisitos. Si usted ignora su falta de calificaciones para un trabajo en particular, debe saber que tal deficiencia bien puede perjudicar sus posibilidades de conseguir ese trabajo. Si le falta algo de la experiencia o las calificaciones que el posible empleador ha anotado en la descripción de su trabajo, pero aun así está muy interesado en solicitar ese trabajo, lo mejor será que se acerque a esa deficiencia de frente. Por ejemplo, si la descripción del trabajo pone de relieve que el empleador está buscando a una persona que ha tenido experiencia en gestión y que usted no tiene experiencia en gestión, debe abordar este tema en su carta de presentación, en lugar de simplemente ignorarlo o tratar de ocultar el hecho de que usted carece de esta experiencia. Podría decir algo así en su carta de presentación: "Su puesto de trabajo mencionaba que le gustaría contratar a alguien con experiencia en gestión. Aunque no tengo experiencia previa en la gestión de un grupo de empleados, siempre he recibido evaluaciones de desempeño que me complementan como alguien que puede dirigir cuando es necesario y alguien que trabaja bien con los demás". Al hacer esto, estará explicando su falta de experiencia en gestión y, al mismo tiempo, reconociendo que se trata de una experiencia que está buscando y luego diciéndoles que no espera que esto sea un obstáculo si te contratan para el trabajo.

Cómo superar la ansiedad social y la timidez en su búsqueda de empleo.

No es un secreto que buscar trabajo puede ser estresante. Y puede ser aún más desafiante si usted está ansioso o preocupado por el proceso. En mi experiencia, hay dos cosas principales en las que debe centrarse para superar su ansiedad.

Primero, es importante que mantenga una actitud positiva durante todo el proceso. Si usted es una de esas personas que tiende a pensar negativamente más de lo que piensa positivamente, debe hacer un esfuerzo constante para restringir sus pensamientos negativos a lo largo de su proceso de búsqueda de empleo. Trate de convertir su proceso de búsqueda de empleo en una experiencia positiva en lugar de una experiencia negativa. Hay un viejo dicho que es particularmente aplicable a esta situación. "Un problema es una oportunidad que espera a que suceda". Le sugiero que adopte ese pensamiento como su mantra a lo largo del proceso de búsqueda de empleo. Si puede mantener una actitud positiva durante todo el proceso, disfrutará del proceso mucho más de lo que lo haría si dejara que los pensamientos negativos le abrumen.

En segundo lugar, en la búsqueda de un trabajo, usted encontrará rápidamente que si usted consigue o no un trabajo es a menudo más allá de su control. Usted no puede controlar si un posible empleador le ofrece un trabajo o no. Con esto en mente, es importante que usted se concentre en el proceso de buscar trabajo en vez de en el resultado. Soy un gran fanático del deporte y he escuchado a numerosos entrenadores decir a sus jugadores que se concentren en el proceso, no en el resultado. A menudo hay grandes discrepancias en los talentos de muchos equipos deportivos. Un equipo de fútbol universitario que pierde casi todos sus partidos tendrá muy pocas posibilidades de vencer a un equipo de los diez mejores. Por lo tanto, los entrenadores del equipo menos talentoso a menudo instruirán a sus jugadores para que se concentren en el proceso, no en el resultado. Si un equipo trabaja duro para tratar de mejorar, concentrándose en el proceso de hacerlo, tendrán la oportunidad de mejorar y tal vez algún día puedan competir con algunos de los equipos más talentosos. Recientemente escuché a un entrenador de fútbol universitario elogiar a su equipo después de que perdiera un partido por un marcador de 56-7. "Hemos trabajado duro toda la semana y hemos limitado nuestros errores, pero hemos jugado con un equipo más grande, más fuerte y rápido. Si podemos seguir trabajando para mejorar semana tras semana, creo que algún día podremos competir con ellos".

Lo mismo ocurre con la búsqueda de trabajo. Es posible que no consiga trabajo porque hay otros solicitantes que tienen más experiencia que usted. Con una situación como esa, es importante que usted se mantenga positivo y se concentre en el proceso de conseguir un trabajo, no en el resultado. No puede cambiar su historia. Si le falta experiencia en comparación con otros solicitantes, no puede cambiar eso. Pero si usted puede explicar su falta de experiencia, alguien eventualmente le va a dar una oportunidad.

Aquí hay algunos otros consejos y técnicas para superar la ansiedad que puede tener en la búsqueda de trabajo:

1) **Desarrollar e implementar un plan**. Tal vez se sienta abrumado por lo grande que parece ser el proyecto de encontrar trabajo, especialmente al principio de la búsqueda de un empleo. La mayoría de nosotros nos sentimos así. La mejor manera de minimizar ese problema es idear un plan paso a paso sobre cómo va a "atacar" el proceso de búsqueda de empleo. Si usted puede dividir la abrumadora tarea de buscar trabajo en un conjunto de tareas más pequeñas y manejables, la tarea de buscar trabajo se verá mucho menos desalentadora. Puede dar pequeños pasos con este proceso, aunque debería asignar una fecha límite a cada uno de los proyectos para que pueda asegurarse de seguir adelante y no postergarlo.

Por ejemplo, tal vez lo acaban de despedir de su trabajo anterior. Uno de los primeros pasos que usted querrá tomar es investigar el proceso de presentar una solicitud de desempleo. Las tareas subsiguientes pueden incluir determinar qué tipo de trabajo(s) desea solicitar, crear un currículum vitae, desarrollar o actualizar su presencia en línea, investigar ofertas de trabajo en algunos de los sitios de trabajo más populares, notificar a su red sobre su inminente búsqueda de empleo, etc. Si usted puede dividir la tarea completa de buscar trabajo en proyectos individuales como éste, encontrará que el proceso de búsqueda de trabajo es mucho más fácil y menos estresante. Si puede hacer una o un par de tareas todos los días, estará más cerca de conseguir el trabajo que quiere.

Un amigo mío es un autor exitoso que escribe libros de ficción criminal. Me cuenta la historia de que cuando decidió por primera vez que quería ser autor, la idea de sentarse y escribir un libro de 500 páginas fue tan abrumadora que esperó años para empezar a escribir su primer libro. Sólo pudo hacerlo cuando dividió todas las tareas de escribir un libro en tareas individuales más pequeñas y menos desalentadoras, como desarrollar un esquema, determinar los personajes y las personalidades de esos personajes, determinar un escenario e investigar ese escenario, etc. Después de hacer eso, decidió escribir no menos de 5000 palabras cada día. Sus libros tienen un promedio de 90.000 a 100.000 palabras, por lo que sabía que, si podía producir 5.000 palabras al día, podría completar un libro en unos 20 días. Al mismo tiempo, resolvió escribir de 7 a.m. a 11 a.m. todos los días. (Prefiere escribir temprano en la mañana para tener tiempo de pasar las tardes con su familia. Otros autores encuentran que son más productivos por las tardes.)

Usted debe tomar el mismo enfoque en su búsqueda de empleo. Tengo muchos clientes que resuelven pasar una cierta cantidad de tiempo cada día o cada semana buscando trabajo o preparándose para buscar trabajo. El tiempo que dedique a la búsqueda de empleo dependerá, obviamente, de si está empleado o no. Por lo tanto, dependiendo de cuánto tiempo tenga para buscar trabajo, debe decidirse a dedicar una cierta cantidad de tiempo todos los días o todas las semanas a buscar trabajo. Tal vez son cinco horas al día; tal vez 20 horas a la semana. Algunas personas desempleadas incluso adoptan el enfoque de que buscar trabajo es su trabajo a tiempo completo hasta que lo consiguen, por lo que trabajarán de 40 a 60 horas a la semana en busca de trabajo. También he tenido clientes que deciden solicitar un número específico de trabajos por semana. Aunque la mayoría de estas personas entienden que la calidad supera a la cantidad en cualquier búsqueda de empleo, también entienden que la búsqueda de empleo puede ser un juego de números y saben que cuantos más empleos soliciten, mayores serán sus posibilidades de conseguir un empleo o al menos una entrevista. Un amigo mío que es escritor independiente ha decidido solicitar un mínimo de tres proyectos de escritura cada día. A veces, recibe múltiples ofertas en un corto período de tiempo y tiene que decirles a algunos clientes potenciales que no puede hacer su proyecto inmediatamente, pero le resulta mucho más fácil rechazar un proyecto que tener períodos de tiempo en los que no tiene ningún proyecto en absoluto. Al idear su plan para encontrar trabajo, tendrá que averiguar qué es lo que más le conviene, pero le sugiero que proponga metas y objetivos tangibles para asegurarse de que pasa el tiempo adecuado en la búsqueda de un empleo.

2) No coloques todos los huevos en una sola canasta; no cuentes con una sola oportunidad. Siempre me sorprende la cantidad de personas que esperan hasta que han escuchado el resultado de una solicitud de empleo antes de embarcarse en otra. Se trata de un gran error, desde un punto de vista práctico, emocional y logístico. No tiene sentido dejar que una situación lo controle cuando puede controlar la situación. Incluso si usted ha solicitado el trabajo de sus sueños, tiene que recordar que usted no es quien decide si obtiene el trabajo o no. Eso le corresponde al posible empleador. Con esto en mente, usted debe asegurarse de continuar avanzando en su búsqueda de trabajo, solicitando múltiples trabajos si es posible. Si tiene la suerte de recibir múltiples ofertas de trabajo de sus solicitudes, estará en una posición envidiable, capaz de elegir el trabajo que prefiera. Recuerde que los posibles empleadores están entrevistando a múltiples candidatos; no hay razón para que usted no esté explorando múltiples oportunidades al mismo tiempo.

3)   **Busque trabajo cuando tenga trabajo.** El mejor momento para que usted busque trabajo es cuando tiene otro trabajo. Es mucho menos estresante y se dará cuenta de que está en una posición mucho mejor para decidir si acepta o no un nuevo trabajo. Dicho esto, siempre me sorprende que a la gente no le guste hacer esto. Por ejemplo, una empresa de una comunidad vecina anunció que iba a cerrar una de sus fábricas dos años antes del cierre. Lo hicieron con la idea de que sus empleados tendrían mucho tiempo para buscar otro empleo. La empresa incluso ofreció clases y un subsidio para que los empleados se formaran en otras profesiones. Sin embargo, cuando la planta finalmente cerró, sólo el 37% de esos empleados habían aprovechado esta oferta extremadamente generosa del empleador. Para ser justos, algunos de los empleados que no aprovecharon la oferta estaban cerca de la edad de jubilación y optaron por una jubilación anticipada. Sin embargo, la mayoría de los empleados allí iban a esperar hasta que su trabajo actual expirara antes de embarcarse en una nueva búsqueda de empleo.   Desafortunadamente, esto sucede con demasiada frecuencia en la mayoría de las personas. Necesita recordar que es mucho, mucho más fácil para usted buscar trabajo si ya tiene otro trabajo. Usted tiene mucha más influencia y es mucho menos estresante. Incluso si sólo puede dedicar un par de horas a la semana a la búsqueda de su próximo empleo, a la creación de redes, a la actualización de sus medios sociales o a la creación de su marca, estará mejor si puede hacerlo mientras trabaja.

4)   **Practique las entrevistas.** Antes de cualquier entrevista, le sugiero encarecidamente que se prepare. Investigue la compañía con la que está entrevistando; trate de determinar qué preguntas de la

entrevista se le pueden hacer y cuáles serán sus respuestas a esas preguntas. Cuando me he entrevistado para trabajos, siempre he llevado a cabo un diálogo interno en el que me imagino qué preguntas se me podrían hacer y mis respuestas a esas preguntas. Otras personas utilizarán amigos, familiares o colegas para ese proceso. Otra manera de adelantarse al juego de la entrevista será investigar las preguntas comunes de la entrevista en Internet. Cualquier cosa que pueda hacer para practicar para su entrevista debe aumentar sus posibilidades de éxito.

5) No piense en pensamientos y escenarios negativos. Una vez más, una mentalidad positiva es extremadamente importante en el proceso de búsqueda de empleo. Es importante que no deje que los pensamientos negativos superen sus pensamientos positivos. Al solicitar un empleo, usted está lidiando con resultados que no puede controlar, por lo que el objetivo debe ser siempre concentrarse en el proceso, hacer lo mejor que pueda y dejar que las cosas caigan por su propio peso. Tengo un amigo que es pesimista por naturaleza. A menudo imagina los peores escenarios en lugar de los mejores. Me contó la historia de una entrevista que tuvo para su primer trabajo después de graduarse de la universidad. Estaba solicitando un trabajo de relaciones públicas. Por la razón que sea, el posible empleador hizo que las cuatro personas que iban a ser entrevistadas aparecieran más o menos al mismo tiempo. Los cuatro candidatos estaban sentados juntos en el vestíbulo. Mi amigo pesimista rápidamente determinó que él era el único graduado universitario reciente entre los cuatro candidatos. También se dio cuenta de que mientras llevaba puesto su traje de entrevistador, los otros candidatos parecían tener mejor ropa para la entrevista, y en lugar de carteras de vinilo, llevaban maletines de cuero. Al ver esto, mi amigo presumió que su suerte estaba echada; tendría muy pocas posibilidades de competir con estos otros candidatos. Al final, consiguió el trabajo. La mujer que hizo la contratación le dijo más tarde que estaba abierta a alguien que no hubiera establecido malos hábitos en otro trabajo; le gustaba el hecho de que él no fuera tan pulido como los otros candidatos, pero había expresado un sincero interés en aprender los pormenores del trabajo y trabajar duro. También pensó que su personalidad encajaría mejor con las demás personas del equipo de relaciones públicas. La moraleja de la historia: No deje que sus pensamientos negativos lo controlen, especialmente en un proceso que no puedes controlar. Nunca se sabe por qué un posible empleador contrata a una persona por encima de otra. Así que es una pérdida de tiempo pensar en las razones por las que alguien no lo contratará.

6) Considere la posibilidad de contratar los servicios de un orientador profesional. Si usted tiene el presupuesto para hacerlo, muchas personas se benefician del uso de un orientador profesional.

7) Tener una explicación para su ansiedad social. Uno de mis clientes sufre de ansiedad social extrema. Esto le afecta cuando habla frente a grandes grupos y le afecta durante el proceso de entrevista individual. Él y yo hablamos extensamente sobre cómo resolver este problema. Reconoce que su ansiedad se relaciona principalmente con el miedo al fracaso. Su ansiedad social es tan grande que suda profusamente cuando se le coloca en algunas situaciones sociales. Aunque nunca le he acompañado a una entrevista, me ha dicho que, en ocasiones, ha experimentado un sudor similar al que experimentó el actor Albert Brooks como locutor de noticias de televisión en la película "Broadcast News". En la película, el personaje de Brooks estaba sudando como un grifo mientras hacía su primer noticiario. Mi amigo me dice que ha debido tener un pañuelo en la mano durante las entrevistas porque estaba sudando mucho. También ha tenido camisas que han estado empapadas. Así que, para él, la forma en que su ansiedad se manifiesta tan severamente que ha perdido numerosas oportunidades de trabajo como resultado de ello. Sin embargo, ahora, cada vez que va a entrevistas, se apresura a explicar su problema. Se apresura a señalar que experimenta ansiedad en las situaciones de entrevista y les dice que "Algunas personas no creen que yo respondí bien a la entrevista debido a la ansiedad que tengo durante el proceso. Si puedes superar mi ansiedad, descubrirás que seré un empleado leal, trabajador y concienzudo que valorará sinceramente la oportunidad de trabajo que me ofreces". Con esta explicación, usted notará que él está enfrentando su ansiedad de frente en lugar de tratar de ocultarla. Sus dos últimos empleadores han podido superar su ansiedad y lo han contratado a pesar de este recelo. He tenido otros clientes que también han abordado su ansiedad o timidez social con posibles empleados diciendo: "Soy una persona tímida, y a veces no me encuentro bien en situaciones de entrevista, sin embargo, puedo asegurarles que seré un empleado valioso aquí. Puede que no tenga mucho estilo, pero puedo asegurarle que tengo mucho material."

8) Utilice un sistema de apoyo. El proceso de búsqueda de empleo es a menudo un proceso difícil y, sin duda, podrá eliminar parte de la ansiedad de ese proceso si encuentra a alguien con quien hablar o con quien apoyarse durante este proceso. Muchas personas que buscan trabajo deciden hacer del proceso un proceso solitario y luego encuentran que el proceso es deprimente porque no tienen a nadie con quien discutir sus sentimientos. No dude en pedirle a su familia, amigos o colegas que le brinden apoyo moral durante su búsqueda de empleo. Y, no olvide que casi todos nosotros hemos pasado por el proceso de búsqueda de empleo y no es difícil encontrar a alguien que esté familiarizado con las pruebas y tribulaciones de encontrar un trabajo.

9)

Desarrolle una Actitud que Atrae el Éxito Ahora.

El éxito se basa en la actitud y el esfuerzo. Usted debe saber que el éxito no simplemente sucede, usted hace que le suceda. El éxito es algo que tiene que ganar. La mayoría de la gente no atrae automáticamente el éxito. Las personas atraen el éxito porque trabajan duro para lograrlo. Hacen sacrificios y constantemente se esfuerzan por convertirse en una versión de su mejor yo.

He mencionado anteriormente la mentalidad en la que una persona ve los problemas como oportunidades. Esto es extremadamente importante para las personas que quieren tener más éxito. Las personas con la mentalidad de "el problema es la oportunidad" encontrarán mucho más fácil inspirar fe, confianza y confianza en los demás.

Las personas que tienen éxito tienen la capacidad de "atacar" los problemas en lugar de dejar que esos problemas los controlen. Le daré un ejemplo. Uno de mis clientes estaba a punto de embarcarse en una búsqueda de trabajo. Me pidió mis recomendaciones sobre cómo debería hacer para establecer una presencia en línea para que aumentara sus posibilidades de conseguir un buen trabajo. Esta mujer era inteligente, pero no estaba técnicamente orientada. Me sorprendió mucho saber que ha creado su propio sitio web personal, ha creado algunos podcasts y ha creado algunos blogs en poco tiempo. Le pregunté cuál era su mentalidad a la hora de crear su presencia en línea y me dijo: "Lo veo como una oportunidad para aprender nuevas habilidades. Ataqué estos proyectos con una actitud de "puedo hacerlo". Yo sabía que había información disponible en Internet sobre cómo hacer cada una de esas tareas, así que simplemente hice mi investigación y aprendí a hacerlo". Esta es una mujer que atraerá el éxito, porque está dispuesta a hacer el trabajo necesario para lograrlo.

Otra manera de lograr el éxito es fracasar. Sí, usted puede lograr el éxito si fracasas. Hay un viejo dicho que dice: "Cuando fallas, aprendes. Cuando fallas más que nadie, aprendes más que nadie". El éxito es el resultado directo del número de experimentos que se realizan. Si está probando cosas y fallando, es probable que eventualmente tenga éxito. Por otro lado, es poco probable que una persona que nunca lo intente tenga éxito.

Algunos otros consejos sobre cómo puede empezar a atraer el éxito:

--Ser auténtico, genuino y vulnerable. No tenga miedo de admitir cuando no sabe algo; no tenga miedo de aprender cosas nuevas.

--Ser la persona que da, no la que quita. La mayoría de las personas son de las que toman. Tomarán todo lo que puedan conseguir, aunque no lo necesiten. Pero usted encontrará que dar tiempo y esfuerzo sin esperar nada a cambio puede ser un factor clave para posicionarlo para el éxito profesional.

--Cállese y escuche. Recuerde siempre que puede aprender mucho más escuchando que hablando. Mucha gente tiene la intención de mostrar a otras personas lo mucho que saben que a menudo se olvidan de escuchar lo que otras personas tienen que decir.

Una vez más, atraer el éxito es cuestión de actitud y esfuerzo. Si tiene la mentalidad correcta, si está dispuesto a dar en lugar de recibir, si está dispuesto a escuchar, si está dispuesto a aprender y no temes fracasar, entonces tendrá muchas más probabilidades de atraer el éxito.

Capítulo 7 - Secretos de las entrevistas de trabajo

Dudo que sorprenda a nadie cuando digo que la entrevista es una parte crítica del proceso de entrevista. Si alguna vez ha perdido una oportunidad de trabajo porque no se entrevistó bien, se dará cuenta de lo decepcionante que es llegar tan lejos en el proceso de búsqueda de empleo y luego no conseguir el trabajo porque no causó la impresión que quería causar. En este capítulo, le voy a dar algunos consejos sobre cómo puede causar la mejor impresión posible en sus entrevistas con posibles empleadores.

Reglas de oro para hacer una excelente primera impresión en una entrevista de trabajo.

Hay muchas cosas diferentes que puede hacer para asegurarse de que tiene la mejor oportunidad posible de conseguir un trabajo basado en su entrevista.

--**Asegúrese de estar preparado.** En primer lugar, haga su investigación. Investigue la compañía con la que está entrevistando, visitando su sitio web y haciendo una búsqueda en Internet para encontrar información adicional sobre la compañía. Investigue a la persona con la que está entrevistando, buscando un perfil en LinkedIn, medios sociales y una búsqueda en Internet. Determine qué tipo de atuendo de vestir tiene la compañía y luego seleccione el atuendo apropiado. Si usted está entrevistando con un bufete de abogados, es probable que se vista diferente de lo que se vestiría si estuviera entrevistando con una empresa que está empezando a trabajar en Internet. Si no está seguro de cuál sería el atuendo apropiado, llame a la recepcionista de la compañía con la que va a entrevistar, dígale que tiene una próxima entrevista y pregúntele cuál es el atuendo de vestir normal.

Asegúrese de saber exactamente cómo llegar al lugar donde se llevará a cabo la entrevista y, a continuación, calcule la cantidad de tiempo que va a tomar llegar allí. (He realizado pruebas de manejo antes para determinar cuánto tiempo tomará llegar al lugar de la entrevista. No olvide tener en cuenta el tráfico más pesado en diferentes momentos del día; de la misma manera, no olvide tener en cuenta la construcción de la carretera en su ruta.) Llegar tarde a una entrevista probablemente sea un motivo para no contratarlo. Hace muchos años, cuando estaba contratando para una pequeña empresa de mi propiedad, dejé pasar a una candidata simplemente porque se había retrasado 10 minutos. Se disculpó inmediatamente cuando llegó, diciéndome que su marido, que la había llevado a la entrevista, estaba llegando tarde. Inmediatamente, pensé que, si el trabajo no era lo suficientemente importante para que su esposo la llevara a tiempo a la entrevista, entonces eso podría presentar un problema en el futuro. Resulta que ella era la mejor candidata y me gustaba un poco más que los otros candidatos, pero la descarté porque llegaba tarde a su entrevista.

Y, aunque probablemente ya esté familiarizado con el puesto de trabajo o la descripción del puesto, asegúrese de repasar varias veces y recordar las palabras clave del puesto. Resalte esas palabras clave en su entrevista y asegúrese de explicar cualquier área de experiencia que tenga en esas áreas de palabras clave.

--Cuando conozca a la persona que le va a entrevistar, asegúrese de saludarla con un apretón de manos firme (no con un apretón de manos flojo) y también asegúrese de hacer contacto visual sólido con esa persona. Esto puede no parecer importante para usted, pero estos primeros 30 segundos del proceso de entrevista son muy importantes para algunos entrevistadores. Confieso que daré puntos extra a las personas que conozca que tengan un apretón de manos firme, contacto visual y una sonrisa brillante.

--**Sé observador.** Es importante que usted sea capaz de ser consciente de su entorno y también de la persona con la que está entrevistando. Si está esperando su entrevista en el vestíbulo de una empresa, observe lo que está sucediendo. Se puede saber mucho sobre la cultura de una empresa con sólo ver cómo los empleados interactúan entre sí en el vestíbulo. Además, ¿cómo maneja la recepcionista las llamadas telefónicas? Si él o ella trata a cada persona que llama como si fuera una interrupción, eso podría ser una señal de que hay algo mal en la cultura de la compañía. Una vez tuve una entrevista de trabajo y esperé casi media hora en el vestíbulo, ya que llegué temprano a la entrevista y el entrevistador estaba haciendo otra entrevista. En los 30 minutos que pasé en el vestíbulo de esta compañía, determiné que la compañía para la que esperaba trabajar probablemente no era un buen lugar para trabajar. La recepcionista no era muy amigable y casi todos los empleados que pasaban por el vestíbulo tenían conductas negativas. Por lo tanto, utilice su tiempo en el vestíbulo para comprobar la cultura corporativa.

En la misma línea, es necesario poder leer a la persona con la que se está entrevistando a medida que transcurre la entrevista. ¿Es el entrevistador una persona seria? ¿Es su estilo formal o casual? ¿Tienen sentido del humor? ¿Están realmente interesados en sus respuestas a las preguntas que están haciendo o simplemente están avanzando en una lista de verificación? ¿La conversación fluye suavemente o es un poco incómoda? De cualquier manera, usted tendrá que analizar lo que está sucediendo a medida que sucede, y luego tendrá que hacer los ajustes necesarios para aumentar el nivel de comodidad de la entrevista o para encontrar puntos en común. Para encontrar un terreno común, le animo a que mire alrededor de la oficina del entrevistador si tiene la oportunidad. La mayoría de las personas tienen algunos efectos personales en su oficina. Podría ver cosas como fotos de familia, trofeos de bolos o de golf, diplomas o títulos enmarcados, etc. Si usted puede encontrar puntos en común con cualquiera de estos efectos personales, use esa información apropiadamente durante la entrevista.

Por ejemplo, si ve una foto de la entrevistadora con su hija y también usted tiene una hija, eso puede ser algo de lo que pueda hablar, si hay una vacante para hacerlo. Si ves un trofeo de golf y eres golfista, debería ver si puede encontrar algo en común con eso. Aunque es muy poco probable que consigas un buen trabajo porque eres un ávido golfista, si puedes transmitir ese punto en común a tu entrevistador, es más probable que él te recuerde. No subestime el "terreno común" al conectarse con un posible empleador.

--No balbucee; no sea brusco; no tenga miedo de contar historias breves sobre por qué usted es el adecuado para el trabajo. Si el entrevistador lo interrumpe durante sus respuestas, es probable que sea una señal de que está balbuceando o que sus respuestas son demasiado largas. Por otro lado, si el entrevistador hace una pausa sin hablar después de su respuesta, es probable que esté esperando que usted amplíe su respuesta.   Y, recordando que una entrevista es para que usted amplíe su currículum vitae y carta de presentación, a menudo es aconsejable contar una o dos historias sobre por qué usted es el mejor candidato para el trabajo. Sin embargo, con cualquier historia que cuente, asegúrese de que no se demores en hacerlo. Si el entrevistador quiere que les cuentes más, se lo hará saber haciendo preguntas adicionales relacionadas con su historia.

--Sé positivo. Sea entusiasta. Uno de los errores más comunes que la gente comete en las entrevistas es que pasan mucho tiempo arrancando su trabajo o empleado actual. Al hacer esto, el entrevistador puede pensar que así es como usted estará hablando de su compañía cuando se entreviste para su próximo trabajo. Está bien decir lo que no le gusta de su trabajo actual o de la compañía para la que trabaja, especialmente si te lo preguntan, pero le sugiero encarecidamente que muestre algo de decoro al hacerlo y que no insista en estos aspectos negativos a lo largo de la entrevista. Siempre trate de ser entusiasta y positivo cuando hable del trabajo para el que está aplicando.

--**Surtido de consejos de sentido común.** Si usted tiene trabajos previos para mostrar, traiga muestras de ese trabajo. Por ejemplo, si usted es fotógrafo o diseñador gráfico, querrá traer un portafolio de su trabajo a la entrevista. Si usted es un profesional de la publicidad, puede traer fotos o muestras de una campaña publicitaria en la que haya trabajado. Y, preste atención al recipiente o contenedor que utiliza para guardar estas muestras o portafolio. Un entrevistado trajo su portafolio en una bolsa de comestibles; una señora tiró la mayor parte del contenido de su enorme bolso en la mesa de conferencias mientras buscaba una foto para mostrarme. (Parecía que se estaba preparando para organizar una venta de garaje.) Asegúrese de apagar su teléfono y guardarlo durante la entrevista. Y, si va a usar perfume o colonia, ve con cuidado. Por favor, recuerde que casi todas las oficinas tienen a alguien que detesta las fragancias, incluso las fragancias agradables. Asegúrese de tener el nombre correcto de la persona que lo está entrevistando y asegúrese de usar ese nombre al menos ocasionalmente a lo largo de la entrevista. Si se está entrevistando con varias personas, consiga todos los nombres y escríbalos, si es necesario. Usar el nombre de alguien es una de las formas más básicas de establecer una conexión. Y asegúrese de usar los nombres de las personas cuando salga de la entrevista. Eso deja una buena impresión. Por ejemplo: "Josh, gracias por tu tiempo hoy. Mike y Joe, fue un placer conocerlos".

--**Cierra la entrevista; averigua cuál es el siguiente paso.** No deje una entrevista sin agradecer al entrevistador por su tiempo. Y no deje una entrevista sin averiguar cuál es el siguiente paso. ¿Cuándo tomarán su decisión? ¿Le llamarán o cómo le informarán sobre el resultado de la entrevista? ¿Está bien que los llames para hacer un seguimiento? Si es así, ¿cuándo puede llamarlos?

--**Dar seguimiento.** Haga un seguimiento inmediato con un "gracias por la oportunidad de entrevistar a alguien". Recomiendo una nota de correo postal escrita a mano si es una nota corta o a máquina si es una nota más larga. Desaconsejo los correos electrónicos, ya que pueden ser borrados con demasiada facilidad. Prefiero las notas de papel o las tarjetas de agradecimiento, porque es probable que el destinatario las conserve durante un tiempo antes de deshacerse de ellas. Y luego, en el seguimiento de las llamadas telefónicas, asegúrese de ponerse en contacto con el entrevistador cuando él o ella le dijo que los llamara. Y trate de permanecer visible sin convertirse en una molestia.

Consejos de expertos para destacar en un mercado competitivo.

Si ha llegado a la fase de entrevista de una búsqueda de empleo, ya se ha colocado por encima de otros candidatos que no han sido entrevistados. Pero ahora las cosas pueden ponerse más difíciles a medida que compita contra candidatos que han sido considerados más calificados que los otros que se han quedado atrás. Todavía hay algunas cosas que puede hacer para aprovechar su posición mientras se dirige a su entrevista.

--Haga su investigación. La semana pasada un profesional de recursos humanos me dijo cómo ve a una persona que ha hecho su investigación en una entrevista. "Es refrescante encontrarse con un candidato que sabe de lo que está hablando y que ya ha investigado la compañía. Es bueno no tener que pasar todo el tiempo de mi entrevista describiendo mi compañía a la persona a la que estoy entrevistando". La misma persona de recursos humanos me dijo que ella también verifica si el solicitante ha personalizado su currículum vitae y carta de presentación para el trabajo que está solicitando. "Si no se han tomado el tiempo para hacer eso y están usando un currículum genérico y una carta de presentación, tiendo a pensar que tal vez no estén tan interesados en la oportunidad de trabajo que tenemos para ofrecer."

--Proporcione enlaces a su marca en línea. Si usted ha limpiado su presencia en los medios de comunicación en línea (es decir, sus redes sociales), entonces podría ser una buena idea proporcionar enlaces a su sitio web personal o su portafolio, su perfil en LinkedIn, sus páginas de Facebook y Twitter (si corresponde), sus blogs, sus podcasts, o cualquier artículo en Internet que le muestre de manera positiva. Es probable que la persona que realiza la contratación lo haga de todos modos, pero al proporcionar enlaces a su información, usted facilitará su trabajo y, lo que es más importante, podrá "controlar la narrativa"/controlar la información que ve el entrevistador.   He tenido clientes que me han proporcionado esta información unos días antes de la entrevista a través de un correo electrónico y eso parece funcionar bien para ellos. Si el entrevistador va a hacer su tarea antes de entrevistarlo, usted habrá hecho su trabajo más fácil y usted podrá controlar la narrativa.

--Personalidad y actitud. En la entrevista en sí, asegúrese de encontrar una manera de mostrar su personalidad. Puede que le sorprenda, pero muchos empleadores admiten que contratan personalidad y actitud por encima de experiencia. Buscan a alguien que sea apasionado y entusiasta de trabajar en su empresa.   Por lo tanto, cuando vaya a la entrevista, asegúrese de hacerlo con una actitud positiva y asegúrese de mostrar su entusiasmo hacia el trabajo para el que está solicitando. Como me dijo una vez otro gerente de contratación, "Es difícil fingir una actitud ansiosa. Siempre buscamos ver cuán ansioso está el candidato por el trabajo que le ofrecemos".

--Logros y resultados por encima de las habilidades. Siempre concéntrese en sus logros y resultados por encima de sus habilidades. Sus habilidades ya están listadas en su currículum. Si usted tiene detalles específicos para mostrar sus logros en el trabajo anterior, sea específico. Lo mismo se aplica a cualquier resultado que haya obtenido en trabajos anteriores. Algunos ejemplos: Un gerente de marca instituyó una campaña de marca que aumentó las ventas de un producto en un 11%; un entrenador de fútbol llevó un programa que ganó dos juegos la temporada en que fue contratado a un programa que ganó nueve juegos sólo tres años más tarde; un profesional del equipo de administración llevó un departamento que tenía una tasa de rotación del 65% a un departamento que tenía sólo un 12% de rotación en su mandato; un vendedor de una línea de productos aumentó las ventas de ese producto en un 32% en un año. Lo mismo se aplica a cualquier logro que usted pueda haber logrado: Empleado del año en una empresa de 120 empleados; ganó un premio de la industria por una campaña de relaciones públicas; presidente de un capítulo universitario de periodistas profesionales; editor del periódico universitario. Al enumerar logros, premios y logros específicos, usted podrá ofrecer alguna prueba tangible de por qué es la persona adecuada para el trabajo. Esto le permitirá al entrevistador poner algunos detalles específicos detrás de las habilidades que usted enumera en su currículum.

Las 10 preguntas de la entrevista de trabajo que siempre debe saber cómo responder.

El que usted obtenga el trabajo que está buscando puede depender de cómo lo maneje o cómo responda a las preguntas que se le hagan. Aunque usted nunca puede estar seguro de qué preguntas se le harán, hay algunas preguntas estándar que definitivamente debe ser capaz de responder. Y si usted sabe que debe responder estas preguntas básicas, estará mucho mejor preparado para responder cualquier pregunta que pueda tener. De hecho, le sugeriría que utilice estas preguntas básicas al prepararse para cada entrevista de trabajo que tenga.

Cuando acababa de salir de la universidad, perdí una oportunidad de trabajo por la forma en que respondí lo que debería haber sido una simple pregunta. La entrevista iba bien hasta cerca del final de la entrevista cuando el gerente de contratación me preguntó "¿Cómo me describirían los miembros de mi familia?" Era una pregunta simple, pero lo arruiné totalmente cuando usé la palabra "L". Le dije al entrevistador: "Mi hermana podría decir que soy un vago". Sí, me refería a mí mismo como un vago en una entrevista. No sé por qué lo dije y no era cierto, pero lo dije. Cuando lo dije, supe inmediatamente que podía olvidarme de las posibilidades de conseguir el trabajo que quería. Intenté retractarme de mi declaración, pero la suerte ya estaba echada. Aunque no espero que estropee una pregunta como yo lo hice, voy a ser rápido para decirle que es importante que repase cómo responderá a las preguntas en una entrevista antes de que tenga la entrevista.

A continuación, he enumerado algunas preguntas básicas de la entrevista con las que es probable que se encuentre a lo largo de su carrera como entrevistador. Aunque personalmente considero que algunas de estas preguntas son mundanas, la premisa básica de estas preguntas es que el entrevistador lo conozca a usted y averigüe si usted es un buen candidato para el trabajo que le están ofreciendo. El objetivo es simplemente conseguir que usted hable y entonces las respuestas que usted dé posiblemente lo separarán de los otros solicitantes, ya sea positiva o negativamente.

1) **¿Puedes hablarme de ti?** Esta es una pregunta muy común y le sugiero que definitivamente tenga un discurso practicado para responder a esta pregunta. En el período de un minuto o dos, usted debe ser capaz de decirles quién es usted, enfatizando quién es usted profesionalmente por encima de quién es usted personalmente. Y debe hacerlo con confianza.

2) **¿Por qué quiere trabajar aquí?** Esta pregunta le da la oportunidad de demostrar que ha hecho su investigación sobre la compañía con la que se está entrevistando y el trabajo para el que se está entrevistando.

3) **¿Cómo se enteró de este trabajo?** Si usted tiene una conexión personal, este es un buen lugar para usarla.

4) **¿Por qué está buscando otro trabajo cuando ya tiene uno?** Al responder a esta pregunta, haga hincapié en los aspectos positivos del trabajo para el que se está entrevistando, no en los aspectos negativos de su trabajo actual.

5) **¿Por qué deberíamos contratarle?** Esta es su oportunidad de decir lo que puede aportar al equipo y lo que le coloca por encima de otros solicitantes. Sea específico siempre que sea posible.

6) **¿Dónde se ve en cinco años?** Admito que detesto esta pregunta, pero es una de las más frecuentes. Si tiene un plan específico, descríbaselo brevemente al entrevistador. Si no sabes dónde vas a estar en cinco años, está bien decir que no estás exactamente seguro de lo que va a pasar, sin embargo, siente que este trabajo será una ayuda definitiva para avanzar en su carrera.

7) **Cuénteme acerca de un conflicto o desacuerdo que haya tenido en el trabajo y cómo manejó ese conflicto.** Esta pregunta está diseñada para determinar cómo puede pensar sobre la marcha y cómo reaccionar ante el conflicto. Definitivamente debería tener una respuesta preparada a esta pregunta, y siempre utilizar un ejemplo en el que fuera capaz de resolver el problema con una solución satisfactoria o un compromiso.

8) **¿Cuál es el trabajo de sus sueños?** Sea honesto en su evaluación de cuál es el trabajo de sus sueños, pero es de esperar que incluya la forma en que el trabajo para el que está solicitando le ayudará a conseguir ese trabajo de sus sueños.

9) **¿Cuáles son sus requisitos salariales?** Algunos empleadores hacen esta pregunta; otros no. De cualquier manera, usted debe saber

definitivamente cuáles son sus expectativas salariales para cualquier trabajo que solicite.

10) **¿Tiene alguna pregunta?** Casi todas las entrevistas incluyen esta pregunta al final de la entrevista. Siempre debe tener al menos un par de preguntas que hacer en respuesta a esta pregunta. En lugar de decir que no tiene ninguna pregunta o que la información que el entrevistador ha proporcionado ha respondido a todas sus preguntas, esta pregunta de "si tienes alguna pregunta" le ofrece la oportunidad de demostrar que ha estado involucrado en el proceso de entrevista y de destacarte entre otros candidatos a un puesto de trabajo. Con suerte, usted puede desarrollar preguntas a medida que la entrevista ha progresado. Si no es así, debe elegir entre tres o cinco preguntas y luego seleccionar una o dos de esa lista. Al hacer preguntas, debe saber que muchos entrevistadores disfrutan de esta parte de la entrevista, ya que les da la oportunidad de desviarse de la parte formal de la entrevista y hablar sobre su empresa o sobre ellos mismos. Por lo tanto, cuanto más relevantes sean sus preguntas, más posibilidades tendrá de colocarse por encima de otros solicitantes.

Capítulo 8 - Hágalo realidad

Ya sea que esté cambiando de carrera, negociando un salario o dando seguimiento a su solicitud de empleo, aquí hay algunas cosas en las que debe pensar cuando lo haga.

Lo que necesita saber si está cambiando de carrera.

¿Está usted en ese momento de su carrera cuando está listo para hacer un cambio de carrera? Si es así, definitivamente hay algunas cosas que usted necesita considerar antes de hacer tal movimiento.

Lo más importante, le sugiero que planifique cualquier cambio de carrera. Algunas personas cometen el error de saltar impulsivamente a una nueva carrera, posiblemente porque no les gusta su carrera actual. Ese es un error que puede aumentar la probabilidad de fracaso en su nueva carrera. Usted debe investigar a fondo cualquier nueva carrera o vocación en la que esté a punto de embarcarse. Averigüe qué tipo de educación o formación se requiere o se recomienda para esta vocación. Investigue qué tipo de ingresos puede esperar de una carrera de este tipo. Revise su situación financiera actual para asegurarse de que tiene suficientes recursos para subsidiar una nueva carrera. Investigue la nueva carrera que usted desea usando el Internet y con la esperanza de conectarse con personas que ya están en esa carrera. Las entrevistas informativas (discutidas anteriormente) son un recurso invaluable para aprender sobre cualquier nueva carrera que le interese.

Si usted tiene un cónyuge o pareja, ¿están en la misma página con este posible cambio de carrera? Ciertamente, cualquier cambio de carrera merece múltiples discusiones con aquellas personas que son importantes para usted.

Al embarcarse en una nueva carrera, usted debe saber que puede tener que sufrir un golpe financiero para entrar en una nueva carrera. Si usted se encuentra en un nivel directivo en su carrera actual, es posible que tenga que comenzar en un nivel inicial o en un nivel inferior en una nueva carrera y es probable que esto afecte su nivel de ingresos. ¿Tiene formas de financiar una nueva carrera? Tal vez tenga que recurrir a su plan de pensiones, a su plan de ahorros para la jubilación o a su cuenta de ahorros. Tal vez usted necesitará sacar una segunda hipoteca sobre su casa. O tal vez usted necesitará tomar un trabajo de medio tiempo para subsidiar su nueva carrera, al menos en las etapas iniciales de la nueva carrera. ¿Necesitará hacer algún cambio en su estilo de vida para acomodar una nueva carrera? ¿Más horas de trabajo? ¿Menos tiempo en familia? ¿Más viajes? Si es así, ¿estará dispuesto a hacer estos sacrificios? Usted debe saber que los factores financieros son la razón principal por la que la gente no se embarca en nuevas carreras. La tensión financiera, la falta de planificación financiera y las deudas pueden fácilmente anular cualquier sueño o aspiración profesional que pueda tener.

A pesar de que usted podría estar ansioso por saltar a toda velocidad hacia una nueva carrera, le sugiero que considere si puede entrar en esa carrera por etapas. Por ejemplo, tengo un amigo cercano que fue ejecutivo de marketing corporativo durante años. Había pasado mucho tiempo en una industria altamente volátil donde se le pagaba bien, pero descubrió que era víctima de despidos frecuentes durante estos períodos de comercialización. Siempre fue un empleado bueno y valioso, pero estaba en una carrera en la que hay mucha rotación. Finalmente, decidió que quería una carrera en la que pudiera controlar su propio destino. También quería tener la oportunidad de salir de su escritorio en un trabajo que fuera más tangible. Su sueño era crear una empresa de poda y remoción de árboles. Sí, ese es un cambio importante de ser un ejecutivo de marketing corporativo. Aunque había ayudado a podar y remover árboles cuando era más joven, realmente no conocía los pormenores de esa industria. Se puso en contacto con varias personas que tenían empresas de poda de árboles, les habló de sus aspiraciones y les explicó cómo podría entrar en la industria. Se sorprendió de lo útil y comunicativo que fueron estos otros dueños de negocios al contarle todo sobre las ventajas y desventajas de la industria. Como no hay muchas clases enseñando a la gente cómo podar y quitar árboles, encontró a un propietario que le permitió trabajar como aprendiz remunerado los fines de semana mientras continuaba con su trabajo de marketing. Lo hizo durante tres meses hasta que tuvo los conocimientos suficientes para crear su propia empresa. Él convenció a su esposa sobre su movimiento de carrera y ella eventualmente se convirtió en su coordinadora de programación y persona de mercadeo. Años después, tiene una carrera muy exitosa, con tres diferentes equipos de empleados que trabajan para él en la poda y remoción de árboles.

Hice lo mismo con una empresa que comencé hace muchos años. En lugar de renunciar a mi trabajo actual inmediatamente, contraté a una amiga que estaba entre trabajos y, según mi dirección, ella encontró una oficina para mí, fijó el precio y compró mis suministros y muebles de oficina, coordinó el desarrollo de mis materiales de publicidad y mercadeo, entrevistó previamente a los candidatos de secretariado, etc.

Al cambiar de carrera, usted también debe tener un sistema de apoyo o un mentor que le pueda ayudar con su mudanza o que pueda estar ahí como una caja de resonancia. Le sugiero encarecidamente que reclute a otras personas para que le ayuden en esta transición de carrera. Puede ser extremadamente difícil embarcarse en una nueva carrera, especialmente si ha estado en otra carrera por un tiempo. Si usted puede hacer que su red o un mentor se involucre en su transición, tendrá una transición mucho más fácil, especialmente emocionalmente.

Además, al cambiar de carrera, prepárese para los contratiempos. Siempre recuerde que las cosas rara vez salen según lo planeado. He creado dos compañías diferentes que han experimentado reveses en dos lados diferentes del espectro. Con una compañía, tenía amigos que me habían indicado que se convertirían en clientes míos cuando inicié mi propia compañía. Pero después de que comencé mi compañía, me di cuenta de que eran muy lentos a la hora de poner en marcha cualquier negocio a mi manera y eso creó una gran tensión financiera hasta el punto de que tuve que alquilar mi casa y mudarme a un apartamento por un breve período de tiempo. Finalmente, la gente que me había prometido negocios llegó y mi negocio floreció. Más tarde me di cuenta de que eran reacios a darme negocios inmediatamente después de que yo comenzara mi compañía, ya que querían esperar y ver si yo iba a seguir en el negocio. En el otro extremo del espectro, comencé otro negocio en el que había pensado que tenía fondos suficientes para financiar a la empresa durante un período de seis meses, hasta que establecí el negocio. Tres semanas después del inicio de mi negocio, recibí un pedido enorme que no había esperado y necesitaba usar todos los fondos que había ahorrado para la empresa para comprar los productos necesarios para completar el pedido. Y necesitaba más fondos de los que tenía. Aunque era un buen problema, era un problema polarizador, ya que no había establecido una línea de crédito con un banco para financiar el pedido. Afortunadamente, pude resolver el problema y conseguí que mi cliente me pagara por adelantado el gran pedido a cambio de un descuento en la mercancía. Cabe señalar que la mayoría de las empresas no habrían pagado por adelantado un pedido antes de que la mercancía fuera entregada, ya que esa no era una práctica común en la industria. En resumen, tuve mucha suerte con este pedido. Por lo tanto, en la planificación de una nueva carrera, debe tener en cuenta tanto los peores como los mejores escenarios.

Y un pensamiento más sobre el cambio de carrera: Si quiere hacer un cambio de carrera, pero no está seguro de qué nueva carrera quiere para usted, debe asegurarse de evaluar las habilidades y las pasiones que ha tenido en su carrera anterior. Echa un vistazo a las cosas que ha hecho bien o que le han gustado en su carrera pasada (también las cosas que no le han gustado) y use esa información para determinar una posible nueva carrera. Idealmente, usted será capaz de invertir algunas de sus habilidades y pasiones en una nueva carrera. Si usted hace un cambio de 180 grados en sus carreras y no es capaz de utilizar parte de su experiencia previa en su nueva carrera, su transición va a ser mucho más difícil.

Siete técnicas de negociación para obtener el salario que desea.

Después de que haya superado con éxito la etapa de la entrevista inicial y su posible empleador esté listo para extender una oferta, es hora de hablar del salario. Aunque algunas personas comparan el proceso de negociación salarial con la experiencia negativa de comprar un automóvil, usted no puede pasar por alto este proceso al finalizar su búsqueda de empleo. Usted querrá asegurarse de que está recibiendo un precio justo por sus servicios, independientemente del trabajo que acepte. Aquí hay algunos consejos y técnicas simples para que usted los use para determinar qué salario merece y luego negociar por ese salario.

1) ¿Cuál es su valor de mercado? Es importante que investigue lo que se paga a otras personas en su campo, tanto a nivel nacional como local. Puede consultar las guías salariales en Internet. O si usted tiene una relación con un reclutador, podría preguntarle cuáles son los rangos salariales para su campo profesional. Y recuerde siempre que el lugar donde se encuentra probablemente afectará su salario, especialmente en lo que respecta al costo de vida. Un trabajo en San Francisco o en la ciudad de Nueva York probablemente pagará más que el mismo trabajo en un pueblo pequeño de Iowa, sólo por el costo de vida. Además, conozca cuál es el mercado para su trabajo en particular. Si su posible empleador está teniendo dificultades para contratar para el puesto en el que está interesado, usted tiene mucha más influencia que usted si es fácil para ellos contratar para ese puesto. Usted debe tener esto en cuenta en cualquier negociación salarial.

2) No diga sí o no demasiado pronto o demasiado tarde. Asegúrese de discutir el salario antes de aceptar el trabajo. Si usted toma el trabajo antes de llegar a un acuerdo salarial, ha perdido cualquier ventaja que pudiera tener en ese sentido. Y si se demora en aceptar una oferta, el gerente de contratación puede frustrarse y cambiar de candidato.

3) No todo se trata de usted. Por favor, recuerde que, en lo que respecta a la negociación de su salario, sus necesidades personales van a tener muy poco impacto en el salario que se le ofrece. Un amigo mío que es gerente de contratación recientemente hizo que un posible empleado le dijera que necesitaba un salario específico para poder hacer los pagos de su casa y del automóvil. Eso es un absoluto No. Sus necesidades personales no son de la incumbencia del gerente de contratación.

4) Dar un salario específico. Si un posible empleador le pregunta qué salario espera o requiere en su nuevo trabajo, dele un salario específico o, en el peor de los casos, un rango salarial ajustado. No le digas a nadie que quieres un salario anual de $60,000 a $90,000, ya que es un rango muy amplio. Si usted ofrece un rango, hágalo más ajustado, es decir, de $70,000 a $75,000. Y recuerde que, si usted está dando un rango, es probable que obtenga el salario en el extremo inferior del rango que está solicitando. Y, otra cosa, cuando un empleador le pregunte qué salario espera, actúe con confianza sin ser agresivo. Por ejemplo, puede responder de la siguiente manera: "He investigado lo que ganan otras personas en posiciones similares y, en base a eso, esperaba algo entre 70.000 y 75.000 dólares. ¿Es eso posible?"

5) No pase por alto los beneficios. La negociación de un paquete de compensación a menudo implica algo más que un simple salario.

Usted debe preocuparse por otros beneficios y beneficios de compensación, que pueden incluir gastos de mudanza, seguro médico, asignación de vacaciones, planes de ahorro para la jubilación, oportunidades de desarrollo profesional y beneficios de educación avanzada. Con algunos de estos beneficios, la compañía con la que está entrevistando tendrá una póliza establecida de la que no estará dispuesto a desviarse. Por ejemplo, una compañía no va a cambiar sus beneficios de seguro de salud porque no le gustan sus beneficios actuales. Pero, sin embargo, es importante que sepa cuáles son esos beneficios del seguro de salud. Por otro lado, algunas compañías tienen flexibilidad con algunos beneficios de compensación, tales como gastos de mudanza, bonos de firma y tiempo de vacaciones. Si un empleador no tiene la flexibilidad para cumplir con sus requisitos salariales, tal vez tenga flexibilidad en estas otras áreas. Si tiene la suerte de tener múltiples ofertas de trabajo, obviamente debería incluir beneficios en su comparación de estas ofertas.

6) **La honestidad es la mejor política.** No infle los salarios de trabajos anteriores. No invente ofertas de trabajo que compitan entre sí. Si un posible empleador descubre que usted ha sido deshonesto, es probable que se convierta en "historia" con ese empleador.

7) **Obtenga sus ofertas por escrito.** Una vez que usted y su futuro empleador hayan acordado un salario y un paquete de compensación, asegúrese de solicitar un detalle por escrito de esa oferta. Obviamente, ese documento debe estar dirigido a usted y debe estar firmado por su empleador. Desafortunadamente, he escuchado de algunos casos en los que un empleador y un empleado tienen un malentendido con respecto al salario y los beneficios; y luego el empleado a menudo queda en desventaja porque no tiene documentación escrita de lo que se le prometió originalmente.

Cómo dar seguimiento a una solicitud de empleo de la manera correcta.

Si hay un trabajo en el que está en realidad interesado, probablemente va a estar ansioso por saber qué está pasando con la solicitud que envió. Como solicitante de empleo, tendrá que recordar que, a diferencia de la compañía que realiza la contratación, usted no tiene el control del proceso. Esto puede ser frustrante a veces, pero siempre debe recordar que hay algunas maneras correctas de dar seguimiento a sus solicitudes.

La gente a menudo pregunta cuál es el plazo de tiempo apropiado para dar seguimiento después de que usted haya presentado su solicitud. El tiempo normal para el seguimiento es aproximadamente una semana después. Puede hacer un seguimiento de varias maneras, incluyendo teléfono, correos electrónicos o un mensaje de LinkedIn. Si está llamando a la compañía para la que está interesado en trabajar, asegúrese de estar preparado para lo que va a decir, ya sea que hable con el gerente de contratación o que deje un mensaje de voz. Muchas personas practican lo que van a decir o incluso tienen algunas notas escritas a mano cuando hacen la llamada telefónica de seguimiento.

En el seguimiento, sea siempre cortés y profesional. Si usted deja una mala impresión, es probable que esté fuera de la carrera por el trabajo antes de conseguir una entrevista. Siempre haga que sus mensajes sean breves, especialmente con las llamadas telefónicas. Aprecie el hecho de que el tiempo de la gente es valioso y probablemente no les interese una diatriba larga e incoherente. Dicho esto, no hay nada malo en incluir una o dos oraciones que les digan por qué usted es un buen candidato para su oferta de trabajo. Cualquier cosa que pueda colocarlo por encima de otros candidatos puede ayudarlo a obtener una entrevista. Y, por supuesto, con cualquier correspondencia que envíe, ya sea por correo de voz o correo electrónico, asegúrese de dejar su nombre y número de teléfono o dirección de correo electrónico.

Aunque está bien hacer seguimiento varias veces, debe asegurarse de que no se convierta en una molestia. Y si usted ha intentado varias veces obtener una respuesta sin éxito, es posible que finalmente tenga que admitir la idea de que no están interesados en usted.

Conclusión

Si ha leído este libro, ahora tiene las herramientas que necesitará para conseguir el trabajo de su elección. Si usted puede seguir los consejos que se aplican a su búsqueda de empleo, usted tendrá éxito en su búsqueda, si no inmediatamente, entonces eventualmente. Al leer libros de autoayuda como éste, hay dos tipos de personas: aquellos que tomarán la valiosa información ofrecida y la implementarán; aquellos que pondrán esta información en segundo plano, diciendo que la implementarán cuando lleguen a ella pero que nunca llegarán a ella. Le imploro que no sea una de esas personas que nunca llegan a hacerlo.

Ahora sabe lo importante que es "atacar" lo que parece ser la abrumadora tarea de encontrar un trabajo en un conjunto de tareas individuales más pequeñas que harán que el proceso sea menos abrumador. Usted sabe cómo encontrar trabajos que se anuncian en línea y trabajos que no se anuncian. Usted conoce la importancia de crear un currículum vitae excelente, una carta de presentación que pondrá su currículum vitae en la cima de la lista de solicitudes, y la importancia de modificar su currículum vitae para cada trabajo para el que está solicitando. Usted debe entender la importancia de tener una presencia en línea y una marca personal con un portafolio, una página web personal, blogs y un perfil en LinkedIn.

Además, usted debe ser muy consciente de la importancia del trabajo en red y de cómo superar los obstáculos del trabajo en red si se muestra reacio a hacerlo. Y ahora usted sabe la importancia de promocionarse a sí mismo, establecer su propia marca personal y desarrollar una actitud que atraiga el éxito. Si usted es tímido o se sabe que padece de ansiedad social, ahora debe tener algunos consejos al alcance de la mano para minimizar esas aflicciones. Sabrá cómo no sabotear sus esfuerzos para conseguir un trabajo. También sabrá cómo causar una buena primera impresión en una entrevista, destacándose en un mercado competitivo. Y ahora ya sabe qué preguntas comunes puede esperar durante una entrevista. Si está cambiando de carrera, ahora tiene algunas recomendaciones sobre cómo convertirla en una transición sin problemas. Y tiene consejos sobre cómo negociar el salario que se merece en su nuevo trabajo o en el actual. Y ahora sabe cuándo y cómo hacer un seguimiento de las solicitudes que ha enviado a los posibles empleadores.

Encontrar un buen trabajo es cuestión de actitud y esfuerzo. Si usted puede tener una mentalidad positiva y puede hacer el trabajo requerido para posicionarse por encima de otros candidatos, tendrá una gran oportunidad de tener éxito en su búsqueda de empleo.

Encontrar el trabajo que usted desea a menudo puede ser un proceso largo o continuo y, en última instancia, depende de decisiones que a menudo están fuera de su control. Pero, aunque no pueda controlar si le contratan o no, puede controlar el proceso que le permite tener la mejor oportunidad de conseguir el trabajo que está buscando. Para tener éxito en su búsqueda de empleo, usted necesita desarrollar un plan y luego trabajar en ese plan.

Como he recomendado varias veces en este libro, en la búsqueda de un trabajo siempre debe concentrarse en el proceso, no en el resultado. Puede haber ocasiones en las que no consiga el trabajo que solicitó, pero no deje que eso le desanime. Concéntrese en el proceso que está usando para encontrar el trabajo, no en si obtiene el trabajo o no. Usted puede controlar el proceso de su búsqueda de empleo; no puede controlar el resultado. Si puede hacer esto, tendrá una gran oportunidad de conseguir el trabajo de sus sueños.

¡Feliz cacería de trabajo!

Deje la procrastinación: 67 tácticas que acaban con la procrastinación

Haz lo que debes de hacer y derrota tus malos hábitos, pequeños atajos que potencian tu productividad

Tabla de Contenidos

Introducción 111

Capítulo uno: Vencer a la pereza 115

7 tácticas para vencer a la pereza 116

10 alimentos esenciales para estimular la energía 120

5 trucos para energizarse y mantenerse energizado 123

Capítulo dos: Aumentar la productividad 126

Método zen to done (ztd) 127

8 aplicaciones de productividad que necesitas en este momento tu vida en 131

12 hábitos de rutina matutina para la productividad 133

Capítulo tres: Encender tu fuerza de voluntad 138

¿qué saber sobre la fuerza de voluntad? 138

10 poderosas estrategias para aumentar la fuerza de voluntad . 139

12 trucos geniales para sentirse instantáneamente motivado 143

Capítulo cuatro: Dosis diaria de autodisciplina 151

10 consejos importantespara desarrollar una fuerte autodisciplina 152

7 prácticas diarias para mantener la autodisciplina 157

20 afirmaciones positivas para inspirar autodisciplina 159

Capítulo cinco: Lograr la concentración 162

10 ejercicios de atención para aumentar la concentración 162

5 ejercicios de plena atención para desarrollar concentración. 165

10 maneras de derrotar las distracciones 166

7 alimentos que pueden ayudar a aumentar tu poder mental..... 169

Capítulo seis: Derrotar los malos hábitos 172

12 malos hábitos que están matando tu productividad 172

6 maneras de eliminar inmediatamente los malos hábitos......... 176

6 maneras de crear grandes hábitos permanentes 182

Capítulo siete: Domando la mente 185

12 consejos indispensables para dejar de pensar demasiado y controlar tu mente... 186

7 técnicas para vencer el miedo al fracaso 189

6 secretos para crear una mentalidad de éxito......................... 192

Capítulo 8: Planificando para tu éxito............................. 195

6 técnicas para tener éxito en establecer tus metas................... 196

5 consejos poco conocidos de expertos para establcer metas.... 198

7 pasos importantes para planificar el éxito 204

Plan paso a paso de 30 días para ayudarte a crear hábitos y aumentar tu productividad.. 207

Conclusión 221

Introducción

El éxito y el fracaso en la vida pueden atribuirse a un hábito cultivado o al otro. Lo que compone tus actividades diarias, los pequeños mecanismos sobre los que se mueve tu vida determinarán en última instancia cuánto terminarás logrando. Los hábitos se convierten en una rutina diaria, y estas rutinas gobiernan nuestras vidas. Todos estos hábitos se han ido formando a lo largo del tiempo, a través de una práctica constante y dedicada. En esta era moderna, la procrastinación se ha incrustado en nuestro ADN. El hábito de postergar las cosas le ha quitado a la mayoría de las personas el éxito abrumador en la vida, mientras que las persuade con recompensas a corto plazo para que se sientan bien por sólo vivir el momento. La procrastinación es un asesino de sueños; un veneno lento que seca tu celo por alcanzar tus metas y te deja revolcándote en la mediocridad. La dilación o procrastinación es cada promesa que te hiciste a ti mismo pero que terminaste rompiendo. Es cuando dejas que las metas que tienes se alejen debido a la falta de motivación. La postergación es el obstáculo que te impidió llegar al lugar en el que te habías imaginado hace cinco años.

La dilación, incluso en su simplicidad, es compleja. No te dejes engañar. En este libro, voy a explicar el concepto de procrastinación en detalle. Para que le puedas hacer frente, tendrás que entender el mecanismo en el que funciona. Una vez que el mecanismo se entienda completamente, entonces se pueden poner en marcha técnicas para interrumpirlo. A lo largo de los capítulos de este libro, te revelaré varios trucos y tácticas usadas por las personas más productivas para superar la dilación. Te enseñaré a hacer buen uso de tu fuerza de voluntad y a mantenerte motivado durante todo el proceso. Sólo necesito que creas que la procrastinación puede ser derrotada y te verás trabajando para superarla.

Alto a la procrastinación

Soy un instructor de autoayuda con más de cinco años de experiencia en ayudar a las personas a superar los mayores obstáculos para el éxito. A través de los años, he notado que el obstáculo más sutil y peligroso ha sido la procrastinación. Los clientes se acercan y se quejan de cómo han puesto en práctica todos los hábitos de éxito pero no lo han logrado. Parece que olvidan la importancia del tiempo, que es un ingrediente crucial para el éxito. Prepararse para un examen con un mes de anticipación no producirá los mismos resultados que con solo dos días de anticipación. La razón de esto último se debe principalmente a una mentalidad de procrastinación. Es por eso por lo que decidí escribir este libro para ayudar a la gente a identificar los problemas de la procrastinación que obstruyen su estilo de vida.

¡Ahora! Sólo unas pocas personas entienden el poder de esa palabra que encapsula el presente, el proceso de maximizar el hoy. Las oportunidades cotidianas se presentan de manera engañosa. Algunas se identifican rápidamente, y otras necesitan de mucha atención para identificarlas. Sin embargo, aprovechar estas oportunidades es una cosa, maximizarlas en el mismo instante en que se encuentran es otra. Una vez que la procrastinación es atenuada, instantáneamente comienzas a cosechar los beneficios del ahora. Deshacerse de la dilación es simplemente deshacerse de las pesas que te impiden actuar cuando sabes que debes actuar. Cada oportunidad que se te escapa o las ideas que cuelgan en tu cabeza está vinculada a una fecha límite. Una vez que se ha perdido el plazo, se pierde el éxito abrumador de esa oportunidad. Y a veces no volveremos a encontrarnos con tales oportunidades nunca más. Estoy seguro de que esto te ha pasado alguna vez. No te preocupes. Pronto aprenderás a vencerlo.

Cada nuevo día para mí viene con un nuevo testimonio de alguien que se ha tomado el tiempo para escuchar y aplicar algunas de las técnicas que pongo en sus manos. De vez en cuando recibo llamadas de personas que se alegran de haber asistido a uno u otro seminario que he dado en el pasado. Sus testimonios son amplios y extensos, de una gama de profesiones que alguna vez habían demostrado estar estancadas antes de que fueran revividas con las técnicas que he estado enseñando. Descubrí que los testimonios de alguna manera se están volviendo abrumadores, y las personas me animaban para que enseñara más y más de mis técnicas. Ahí es donde surgió la visión de este libro. Mi principal objetivo era documentar todo lo que pudiera en un libro para que estos principios pudieran ir a lugares que yo nunca podría alcanzar y continuar con las maravillas que han logrado.

He escrito este libro en un estilo sencillo para no ahuyentar a ninguno de mis lectores. Se presentarán las técnicas a ti, el lector, de tal manera que puedas ser fácilmente entendidas y practicadas. Hay docenas de otros libros por ahí que sólo critican la procrastinación pero nunca proporcionan suficiente información para contrarrestarla. Hay pequeñas cosas que pueden ser identificadas y trabajadas para darle la mejor experiencia mientras persigue sus metas. ¿Sabías que un factor tan insignificante como la dieta puede afectar lo mucho que procrastinas? Por supuesto que nunca oirás eso en ningún otro lugar por eso quédate conmigo para esta experiencia.

Algunas personas han pasado años procrastinando el evitar procrastinar. En esencia, están postergando un milagro en sus vidas, el cambio que podría llevarlos al siguiente nivel. El gran autor, Paulo Coelho, dijo: "Un día despertarás, y no habrá más tiempo para hacer las cosas que siempre has querido hacer. ¡Hazlo ahora! ". El tema de la muerte es un tema sagrado y muy temido, pero es muy importante. Dicho esto, debes tener en cuenta que cada día te estás acercando más a tu muerte. Si no empiezas a cambiar tu vida ahora mismo y a deshacerte de la dilación, pronto mirarás hacia atrás y tendrás un rastro de arrepentimientos siguiéndote.

He oído a la gente decir que las ideas gobiernan el mundo; yo no estoy de acuerdo. En mi opinión, son las ideas con la acción correspondiente las que gobiernan el mundo. Cualquier vida sin acción es una vida sin resultados, y ¿De qué vale vivir la vida sino habrá resultados que mostrar? Nada en este libro valdrá la pena leer si no estás listo para aplicar los principios establecidos que se te darán a conocer. Tu mente continuará engañándote para que postergues el proceso de cambio, pero depende de ti el derrotar esos bloqueos mentales y tomar acción. Estaré almacenando tu arsenal con las armas necesarias para derrotar a ese enemigo que evita que alcances todo tu potencial.

Capítulo uno: Vencer a la pereza

La pereza puede tener diferentes nombres en diferentes momentos. Algunos se refieren a ella como pereza, otros la llaman ociosidad o un estado mental carente de sentido. Pero sea cual sea el nombre, todos estamos de acuerdo en que la pereza en cualquier forma es un rasgo indeseable que puede alejarte del éxito. La pereza es un estado mental, un problema psicológico. Puedes referirte a la pereza como la falta de voluntad para consumir la energía almacenada. O puede decirse que es una falta de voluntad para llevar a cabo una tarea que sientes que es difícil, aburrida o que consume tiempo. Naturalmente, el ser humano es perezoso, y se necesita un esfuerzo adicional para superar esta naturaleza innata y hacer las cosas bien. Es naturalmente más fácil acostarse todo el día y no hacer nada, perder los objetivos y ver cómo pasa el tiempo. Parece que los humanos estamos simplemente condicionados a vivir en la mediocridad, a estar cómodos con cualquier cosa que no desafíe nuestra existencia o supervivencia. Y esta es la raíz de la pereza, el fundamento sobre el que existe la procrastinación.

Desde una edad temprana, el cuerpo humano siempre ha estado empeñado en la gratificación instantánea. Pero la verdad es que, tus sueños y aspiraciones tomarán tiempo antes de que se hagan realidad. Permitir que la pereza se convierta en la orden del día te hará ver cómo las semillas que has plantado con el tiempo se secan ante tu cara. Relacionando esto con la actualidad, buscamos personas que vivan absolutamente para nada. Nada los inspira, nada los incentiva a lograr más, o a hacer más para cambiar su mundo. Vemos gente que ha aceptado la vida simplemente por lo que es. Los avances tecnológicos y los cambios en la sociedad han ayudado a facilitar aún más la "Causa de la pereza". Ahora vivimos en un mundo en el que puedes quedarte en casa todo el día y que te traigan todo a la puerta de tu casa: la comida, la ropa limpia, los comestibles, etc. Así que la pregunta sigue siendo: "¿Por qué trabajar, cuando todo se puede hacer por ti?"

La pereza y tus metas

Por supuesto, puedes sentirte cómodo con la pereza y vivir el resto de tu vida sin preocuparte por nada. El hecho es que terminarás en la mediocridad y sin logros tangibles de los que jactarse. Pero si usted es el tipo de persona que realmente vive para algo, que tiene un plan para superar su nivel actual y convertirse en una historia de éxito con la que tu familia y amigos querrán identificarse, entonces la pereza no es una opción.

Una de las razones por las que las personas no están motivadas para trabajar es que no pueden ver la belleza después de lograr las metas a largo plazo. Su pereza existe simplemente porque se siente incómodo con su estado actual. Una vez que tomas la decisión de dejar tu estado actual y entrar en la siguiente fase de la vida, la pereza comienza a temblar botas sabiendo que está a punto de ser eliminada. Eso es lo que deberías hacer ahora. No posponga la eliminación de la pereza de tu vida. Cuanto más posponga la acción que necesita tomar, más tiempo tardará en que tus sueños se haga realidad.

7 tácticas para vencer a la pereza

A nadie le gusta ser perezoso. Esa es una verdad graciosa. La mayoría de las personas que han descubierto rasgos de pereza en su vida diaria no están totalmente de acuerdo con la situación. La parte dolorosa es que averiguar qué hacer con la pereza es difícil. Piensa en tu vida en este momento: ¿Cuáles son esas cosas que le gustaría mejorar respecto a las relaciones familiares, las perspectivas de carrera o el estado financiero? Todas estas cosas son alcanzables; pueden ser mejoradas para producir resultados envidiables. Hay tácticas que pueden ser implementadas para ayudarte a superar la pereza en este sentido y salir con un éxito abrumador. Vamos a revisar algunos de ellos:

1. **Tener una estrategia claramente definida**

La pereza ni siquiera puede ser superada si no se ha puesto una estrategia para lograr una meta en particular. Digamos que quieres levantarte de la cama por la mañana y lograr algo para el día. Necesitarás tener una lista de acciones preparadas para el día para ayudarte a identificar por dónde debes empezar. De hecho, el tener una estrategia bien estructurada es la mitad del trabajo para derrotar a la pereza. La cuestión importante aquí es: ¿Qué es lo que quiero y cómo voy a hacerlo? Ten una sesión de lluvia de ideas e identifica maneras de lograr tus metas. ¿Adónde tienes que ir? ¿Con quién necesitas hablar? ¿Cómo vas a hacer una cosa o la otra? Escríbalas desde el principio del proceso hasta el final. Una cosa que notarás al realizar tus planes es la alegría que sentirás al verlos cumplidos. Ese es un paso en la dirección correcta.

2. **Ser consciente de sí mismo**

La pereza es una bestia sigilosa. Necesitas saber cuándo está cerca. O tal vez lo sabes, pero no puedes hacer nada al respecto. Una manera de abordar la pereza es la capacidad de identificar lo que es la pereza. La pereza para ti puede ser sentarse a través de cientos de películas de Netflix todo el día y no hacer nada, pero eso no es pereza para un analista de cine o un crítico que se le paga para ver y evaluar las películas. Otras personas pueden pasar horas en una bañera llena de burbujas y beber vino tinto de una copa. Eso puede ser visto como relajación, pero en algún momento, se convierte en pereza absoluta. Debes saber cómo identificar cuando tu relajación se ha deslizado gradualmente hacia la pereza. Una vez que hayas sido capaz de identificar la presencia de la pereza, entonces te será más fácil luchar contra ella.

3. **Aprende a amar las cosas que haces**

Si a no te gusta una actividad, siempre te faltará las ganas de hacerlo. A veces, las personas no son perezosas, pero no están motivadas para realizar una determinada tarea, y eso resulta en "pereza". Hay estudiantes sobresalientes que procrastinan el escribir sus ensayos de inglés porque odian escribir, pero pueden pasar horas y horas en operaciones de cálculo. Ahora, estos estudiantes no son necesariamente perezosos, pero escribir ensayos no es algo que les guste. A pesar de que podrían terminar realizando ensayos maravillosos, les falta la motivación para empezar, lo que los llevó a postergarlo.

Aprender a apreciar lo que sea que necesites hacer es una habilidad que necesita ser desarrollada con el tiempo. Puede ser un proceso lento o gradual, pero al final, seguramente valdrá la pena. Adquirir la mentalidad correcta definitivamente tendrá un efecto drástico en cuanto a lo que se puede hacer.

4. **Establezca un marco de tiempo**

Podría oscilar entre 10 minutos y una hora, y en este período proponte que no haya ninguna pausa hasta que hayas llevado a cabo esa tarea. ¿Tienes trabajo de tesis que escribir? Siéntate al frente de tu computadora y escribe durante los próximos diez minutos y ve hasta dónde puedes llegar con eso. Pon una alarma para medir cuánto puede hacer dentro de ese período de tiempo. Usualmente, tu mente estará inmediatamente condicionada para seguir adelante después de esa tarea. De hecho, tu mente podría entusiasmarse con el próximo desafío, viendo cuánto ha sido capaz de lograr en diez minutos. Una vez que te involucras en el proceso, es muy tentador dejar de hacerlo. Después de conquistar el desafío de 10 minutos, puedes ir más lejos y seguir presionándote a ti mismo. Busca un punto de referencia de 30 minutos y vea cómo te va. Luego, ve por una hora, y así sucesivamente. Pero recuerda que la disciplina es la clave aquí. Si estás fallando en permanecer quieto por 10 minutos, hay una buena probabilidad de que no tendrás éxito a los 30 minutos. Por lo tanto, antes de seguir adelante, asegúrate de que tu cuerpo entienda ahora lo que significa sentarse y trabajar durante 10 minutos.

5. **Cierre cualquier ruta de escape por el momento.**

¿Cuáles son esas cosas que pueden constituir distracciones para ti y hacer que te vuelvas perezoso y procrastinar? Pregúntate a ti mismo: ¿A dónde escapo siempre que no estoy dispuesto a trabajar? ¿Podría ser un libro, o un videojuego, o incluso Instagram? Sea lo que sea, debe ser removido y llevado lejos de ti. Desinstala esas aplicaciones si es necesario. Guarda esas consolas de juego en un cajón si es necesario. Haz estas cosas hasta que hayas logrado algo que valga la pena.

6. **Repréndete a ti mismo**

Cuando no hay nadie más que controle tus excesos, tienes que hacerlo por ti mismo. Cuando ya no vivas con tus padres o con alguien mayor que te que pueda gritar para que salgas de la cama, deberías ser capaz de hacerlo por ti mismo. Recuerda que tu cuerpo y tu mente están construidos para servirte, y se vuelven bastante inactivos cuando se les permite hacerlo. Sé estricto contigo mismo. Podrías llamarlo disciplina, pero esa palabra ha sido usada en exceso y tiene poco valor. Habla contigo mismo y di las cosas que tienes miedo de decirte a ti mismo. De esa manera, tu mente entenderá que ya no estás jugando.

7. **Ve los beneficios**

Siempre hay algo para ti cuando realizas una tarea. Identifica estos beneficios y reflexiona sobre ellos. Tómate tu tiempo para apreciarlos y ver un futuro en el que todos ellos se han logrado con éxito. Imagínate las aventuras que podrías encontrar con sólo vencer la pereza y dar el primer paso. Por supuesto, habrá dificultades, obstáculos y cosas por el estilo, pero no te obsesiones con ellos. Sólo te desanimarán y arruinarán el momento.

10 alimentos esenciales para estimular la energía

Muchas personas notan que se cansan fácilmente, incluso después de realizar pequeñas actividades en algún momento del día. Todos hemos estado allí en un momento u otro. Son las 12 de la tarde y ya te has dado cuenta de que no puedes pararte de una silla. Tu cuerpo de repente se vuelve más pesado. Comer cualquier tipo de comida durante este tiempo no ayuda. Ten en cuenta que los alimentos ricos en grasa y calorías te dejarán más fatigado de lo que estaba antes de comerlos. Por lo general, requieren más energía para su digestión.

La falta de energía puede afectar drásticamente tu rendimiento y tu voluntad de trabajar. La verdad es que la cantidad y la calidad de los alimentos que comes pueden afectar enormemente tus niveles de energía a lo largo del día. Hay una variedad de alimentos que se sabe que dan energía, pero sólo un puñado de estos contienen los nutrientes esenciales necesarios para aumentar los niveles de energía y mantenerte alerta durante todo el día. Los alimentos como el azúcar o los carbohidratos refinados pueden dar sacudidas rápidas de energía que mueren en cuestión de horas. Pero el cuerpo necesita energía que sea más sostenible, y esto sólo puede provenir de una dieta bien planificada. Come los siguientes alimentos y ve lo mucho que te ayudarán a combatir la pereza.

1.   Arroz Integral

Este no es el primer alimento que puede venir a la mente en cuanto al suministro de energía, pero el arroz integral hace maravillas. A diferencia del arroz blanco, el arroz integral es menos procesado y conserva más valor nutricional en forma de fibra. El arroz integral es muy rico en manganeso, y convierte las proteínas y los carbohidratos en combustible para energizar el cerebro y el cuerpo. Este alimento libera energía lenta y constantemente a lo largo del día, ayudando a mantenerte motivado y alerta. El arroz integral se puede servir con verduras para mejorar su función de suministro de energía.

2. Batatas o Camotes

Aparte de su sabor casi azucarado, las batatas son también muy buenas fuentes de energía. Son muy ricos en carbohidratos, betacaroteno (vitamina A) y vitamina C, que mantienen la fatiga a raya durante todo el día. Una batata de pequeño tamaño podría contener unos 22 gramos de carbohidratos, el 28% del ADR(Aportes Dietéticos Recomendados) para el manganeso y un impresionante 438% de la ADR para la vitamina A. El cuerpo digiere las batatas a un ritmo muy lento, lo que le proporciona un suministro constante de energía. Las batatas se pueden freír o hervir y tomar con salsa de tomate.

3. Plátanos

Los plátanos están compuestos principalmente de azúcares como glucosa, fructosa y sacarosa. También tienen cierta cantidad de fibra. Los plátanos son una muy buena fuente de carbohidratos, potasio y vitamina B6, todos ellos conocidos por proporcionar al cuerpo una energía constante. Come un plátano con maní como un buen piqueo o agregue rebanadas de plátano cereal matutino y observa cómo te mantiene con energía durante todo el día.

4. Miel

Una cucharada de miel es tan poderosa como media taza llena de bebida energética. La miel generalmente actúa como combustible muscular durante el ejercicio y ayuda a reponer los músculos después de una sesión de entrenamiento.

5. Huevos

Un solo huevo contiene aproximadamente 70 calorías en total, más otros 6 gramos de proteínas. La leucina, un aminoácido presente en los huevos, ayuda a las células a absorber más azúcar en la sangre, estimula la producción de energía en las células y aumenta la descomposición de la grasa para producir energía. La energía liberada de un huevo se suministra muy lentamente para que el cuerpo la utilice. Los huevos también son muy ricos en vitaminas B que ayudan a las enzimas a desempeñar su papel en el proceso de descomposición de los alimentos. También se sabe que los huevos contienen más nutrientes en una caloría que la mayoría de los demás alimentos. Estos nutrientes pueden ayudar a mantener el hambre alejada durante un largo período de tiempo. Puedes comer huevos revueltos, hervidos, fritos o en forma de tortilla.

6.   Frijoles

Los frijoles son muy ricos en proteínas, y habitualmente se cree que las proteínas no proporcionen energía. Pero esa es una creencia equivocada. Los frijoles son una gran fuente de energía, especialmente si eres vegetariano. Contiene una gran cantidad de fibra que ralentiza la digestión. También es rico en magnesio que suministra energía directamente a sus células.

7.   Café

El café le proporciona ese golpe matutino que necesitas para estar alerta y preparado para las actividades del día. Sí funciona, y es por eso por lo que mucha gente toma una taza de café cada mañana para empezar el día. El café tiene un alto contenido de cafeína que pasa rápidamente del torrente sanguíneo al cerebro, donde inhibe la actividad de la adenosina, un neurotransmisor que calma el sistema nervioso central. Pero no se debe abusar de ella. Cuando se toma en exceso, puede ponerlo nervioso e interferir con su sueño.

8.   Chocolate negro

Este suena extraño, ¿Verdad? Déjame explicarte. El chocolate negro contiene más cacao que el chocolate con leche normal o cualquier otra forma de chocolate. Contiene antioxidantes que ayudan en el flujo sanguíneo alrededor del cuerpo, ayudando así a la propagación de la energía. Debido a esto, el oxígeno es entregado más efectivamente al cerebro y a los músculos. Además, el aumento del flujo sanguíneo causado por estos antioxidantes también ayuda a reducir la fatiga mental y ayuda al estado de ánimo.

9. **Aguacates o Paltas**

Son altamente ricos en grasas y fibras saludables. Las grasas ayudan a facilitar los niveles de grasa en la sangre y estimulan la absorción de nutrientes del torrente sanguíneo. También se almacenan en el cuerpo y se utilizan para obtener energía cuando es necesario. La fibra de los aguacates, que representa alrededor del 80% del contenido total, puede ayudar a mantener un flujo de energía constante alrededor del cuerpo. Los aguacates también contienen muchas vitaminas B que son necesarias si las mitocondrias celulares tienen un rendimiento óptimo.

10. **Frutos secos**

Las nueces y las almendras contienen suficientes ácidos grasos omega-3 y omega-6, y antioxidantes que pueden aumentar los niveles de energía y la distribución en el torrente sanguíneo. Las nueces tienen altas calorías, proteínas, carbohidratos y grasas. Todos estos son nutrientes que las nueces liberan lentamente a lo largo del día, manteniéndote energizado. Las vitaminas y minerales como el manganeso, el hierro y la vitamina E son algunos de los tesoros que se pueden encontrar en los frutos secos. Todos estos dan pequeños golpes de energía a su manera.

5 trucos para energizarse y mantenerse energizado

Mantenerse energizado durante todo el día es una manera segura de controlar la pereza y prevenir la procrastinación. La energía a la que se hace referencia aquí puede ser energía mental, energía física o energía psicológica. Una deficiencia en cualquiera de los siguientes puede causar una desaceleración del otro proceso corporal. Hoy en día, es común descubrir que te has quedado sin energía y que has perdido tu entusiasmo por la vida. No hay nada que genere más procrastinación que eso. Si descubres que de repente te falta energía para seguir adelante, entonces hay muchos trucos que puedes realizar para obtener más energía.

1. **Haz algo divertido**

Este puede ayudarte a lidiar con el estrés mental. El cerebro es un órgano sensorial amante de la diversión que odia la monotonía y el aburrimiento. Una vez que has realizado una tarea durante tanto tiempo y el cerebro se cansa de realizarla, el entusiasmo por volver a ella por segunda vez y realizarla nunca estará ahí. Porque el cerebro temerá ese momento. Haz una pausa y haz que tu cerebro haga algo diferente. Levanta a tu gato y acaricie su pelaje. Juega un poco al escondite con el perro. Escuche música mientras trabajas. Asegúrate de añadir un poco de diversión a lo que sea que esté haciendo, pero debes asegurarte de no distraerte. Después de un tiempo, deberías volver al trabajo.

2. **Toma una breve siesta energética**

Evite la tentación de seguir trabajando e ignora el cansancio y el estrés. No eres una máquina, e incluso las máquinas descansan. Una vez que sientas la somnolencia, tomate unos minutos y duerme un poco. Puedes simplemente inclinar la cabeza en tu mesa para reponer la mente y tu estado de alerta. Si tan sólo pudieras entender la maravilla de una siesta corta. Es como reiniciar un sistema. Todo sale nuevo y refrescado, listo para una nueva fase.

3. **Sal**

Toma un poco de sol y aire fresco. Tu propio cuerpo siempre está anhelando un nuevo ambiente de vez en cuando. Si has estado en una oficina con aire acondicionado durante horas, es hora de que vaya a respirar aire fresco a un lugar más natural. Camina hasta un parque y contempla el paisaje. Observa a los niños jugando con sus mascotas y sonríe un poco. Quién sabe, puede que te inspires para el próximo proyecto de arte.

4. Juega juegos mentales

Haz que tu cerebro y tu mente funcionen. Su inactividad podría ser la razón de su falta de energía. Haz algo que desafíe tu mente, cerebro y patrones de pensamiento. Lee un artículo de Internet o una historia corta de un libro. Juega al ajedrez con tu ordenador. Haz una lluvia de ideas con tus colegas. Todas estas cosas ponen en marcha tu cerebro y tu cuerpo instantáneamente hará lo mismo.

5. Reduce tu carga de trabajo

Una de las principales razones de la fatiga y la pérdida de energía es el tamaño de la carga de trabajo. Con una gran carga de trabajo, puede hacer muchas cosas mal o hacer sólo unas pocas correctamente. Optimiza tus actividades diarias para que el estrés pueda ser controlado. Presta más atención a las actividades más importantes. Luego, considera la posibilidad de obtener ayuda si lo crees necesario.

Capítulo dos: Aumentar la productividad

La productividad es el opuesto directo de la pereza. Una vez que la pereza ha sido derrotada con éxito, la productividad viene después. La productividad requiere un enfoque de paso a paso para que se logre. No se trata de una actividad aislada. Por eso es necesario establecer sistemas para que las cosas se hagan cuando deben hacerse. Este sistema definirá tu forma de hacer las cosas, tus métodos y procesos. Estos sistemas pueden ser desarrollados o pueden ser aprendidos. En este capítulo, te voy a mostrar algunos sistemas que pueden ayudarte a hacer las cosas y ser más productivos.

MÉTODO: GETTING THINGS DONE (GTD) El método GTD u Organízate con eficacia es una manera efectiva de organizar y hacer un seguimiento de tus tareas y proyectos. El objetivo principal del método de productividad GTD es garantizar una confianza del 100% en un sistema de recopilación de tareas, ideas y planes. El GTD le proporciona una manera de hacer un seguimiento de lo que necesitas hacer por tiempo y cómo debes hacerlo. Una vez que el sistema GTD se ha logrado, la cantidad de estrés que por la que pasas tratando de recordar todas las cosas que se deben hacer continuamente se reducirá en gran medida. También se ahorra tiempo a largo plazo. El GTD funciona manteniendo listas con un papel y un bolígrafo. Las principales listas que tendrás que hacer con el método GTD incluyen:

1. Lluvia de ideas

Esta lista contiene todas tus ideas principales y puntos de acción a medida que se te ocurren. Simplemente apúntalas cuando lleguen a ti y asegúrate de que no te pierdas ni una sola cosa. Puedes usar un bloc de notas y un bolígrafo para esto o una aplicación en tu teléfono. Sólo hazlo con lo que mejor funcione para ti. Lo importante es que no te pierdas nada a medida que llegan las ideas.

2. Próxima Acción

Esta lista contiene todas las posibles acciones que puede que quieras tomar en un futuro próximo. De esta lista, escogerás lo que tendrás que hacer cuando estés menos ocupado.

3. En Espera

Los elementos de esta lista son aquellos que te hacen anticipar que algo va a suceder. Digamos que has asignado una tarea a alguien y estás esperando su respuesta. La lista de espera es la lista perfecta para anotar eso. Anota eso con una fecha actual para que pueda llevar un registro del progreso de la persona.

4. Proyectos

Un proyecto en este sentido se refiere a cualquier tarea que requiera más de una acción para su realización. Todas estas tareas deben estar incluidas en tus listas de proyectos. Puedes hacerlo más interesante escribiendo los detalles de cada proyecto para que pueda ser utilizado como guía.

Además de estas listas, es posible que necesites un pequeño calendario para realizar un seguimiento de las tareas y eventos que dependen del tiempo.

Método zen to done (ztd)

El método Zen to Done fue desarrollado específicamente por el estratega de productividad Leo Babauta para ayudar a los individuos a construir hábitos paso a paso mientras trabajan a través de un sistema de gestión del flujo de trabajo. El ZTD enseña a uno a formar un hábito positivo tras otro. Hace que todo el proceso sea mucho más fácil cuando estas cosas se abordan de esta manera. Algunas personas han descubierto que se desempeñan mejor usando el método ZTD que el método GTD. La clave aquí es encontrar cuál de ellos funciona mejor para ti. Hay diez hábitos que deben ser adoptados uno a la vez en el transcurso de treinta días. Experimenta con ellos hasta que notes cambios en tu patrón de hábito.

1. **Recopilar**
   Anote tus ideas en un libro o en un cuaderno de notas. Escribe todas las tareas, ideas o proyectos que te vengan a la mente en cualquier momento. Esto es diferente del estilo GTD porque el ZTD le obliga a llevar una herramienta más simple como un cuaderno o una pila de cartas, que son más fáciles de llevar.

2. **Procesar**
   No permitas que las cosas se amontonen y le den combustible a tu procrastinación. Procesa tu correo electrónico, mensajes de voz, etc. Toma una decisión sobre todos esos elementos a medida que trabaja: elimínalos, delégalos, archívalos o hazlo más tarde.

3. **Planificar**
   Fija las cosas que desea lograr cada semana. Asegúrate de que cada día sea un paso adelante para lograr ese gran proyecto de la semana. Asegúrate de lograr algo diariamente.

4. **Realizar**
   Elimina todas las distracciones y ponto a trabajar. Despeja tu escritorio de trabajo y tu mente para que puedas tener aún más enfoque. Con la distracción fuera del camino, fija un temporizador y concéntrate en la tarea el mayor tiempo posible. No trates de hacer varias cosas a la vez.

5. **Utilizar listas y herramientas simples**
   Mantenga sus listas tan simples como sea posible. No permitas que las herramientas utilizadas en ZTD te distraigan de

alcanzar la productividad. No luches con las herramientas. Pronto, puede que descubras que el sistema se ha vuelto demasiado complicado para que puedas seguir adelante con él.

6. **Organizar**
   Todo lo que te pertenece debe tener a un espacio en tu casa. Una vez que haya terminado de usar un objeto, debe ser devuelto a ese espacio. Crea un sistema organizado que funcione y te ayude a hacer un seguimiento de tus artículos. Trata el hábito de organización como cualquier otro hábito que se deba mejorar y trabajar para desarrollarlo. Dentro de 30 días habrá resultados espléndidos.

7. **Realizar una revisión semanal**
   Selecciona algunas de las metas a largo plazo en las que te gustaría enfocarte y lograr en un marco de tiempo de seis meses a un año. La elección de muchos objetivos sólo te dejará abrumado sin ningún éxito tangible. Divide una meta a largo plazo en metas a mediano plazo que tardarán menos tiempo en cumplirse. Crea metas semanales a corto plazo para cada una de estas otras metas. Cada semana, haz una revisión de lo lejos que has llegado en el logro de esa meta a corto plazo durante la semana.

8. **Simplificar**
   Sus objetivos deben reducirse a lo esencial. Haz una breve revisión de todas tus tareas y proyectos y averigua si puedes simplificarlos. Incluso cuando los simplifiques, asegúrate de que se alinean con las metas anuales finales para que no te alejes de tu meta lentamente. Selecciona sólo las cosas que importan.

9. **Establecer una rutina y seguirla**

Construye y desarrolla rutinas que importen. Algunas de ellas pueden incluir la meditación, dar un paseo cada mañana o leer al menos una página cada día. Estas rutinas pueden ser desarrolladas para diferentes momentos del día, ya sea en la noche, en la mañana o en la tarde. Además, desarrolla una rutina diaria para los diferentes días de la semana.

10. **Encuentra tu pasión**
    Este último es muy importante. Si eres un apasionado de tu trabajo, el impulso de postergar su realización se reducirá en gran medida o se apagará totalmente. Busca constantemente las cosas que te apasionan y persíguelas por un bien mayor. Si es posible, haz una carrera practicándolos. Tener tal lista te dará la satisfacción que anhelas mientras realiza cada una de esas tareas y proyectos.

8 aplicaciones de productividad que necesitas en este momento tu vida en

Una aplicación de productividad es un software que facilita tu trabajo y te ayuda a hacer las cosas en menor tiempo. Con la ayuda de procesadores más rápidos y una conectividad más amplia, nuestros smartphones se han convertido en una especie de asistentes personales para nosotros. Si el objetivo es mejorar tu nivel de productividad, algunas de las aplicaciones listadas a continuación deberían estar en la parte superior de tu lista. Cada año, más y más de estas aplicaciones son lanzadas, proporcionando nuevas y mejoradas formas de mantenerse al tanto de las actividades. Aquí están algunas de las aplicaciones esenciales que pueden aumentar la productividad.

1. ToDoList

Esta aplicación ha sido descargada más de 7 millones de veces desde varias plataformas de tiendas de aplicaciones. Todo lo que tienes que hacer es anotar todo lo que necesitas hacer, y la aplicación sigue adelante para interpretar y categorizar todas tus tareas basándose en las entradas. Las aplicaciones te ayudan a ti y a tu equipo a mantenerse al día mientras planifican proyectos, discuten los detalles y supervisan los plazos. La aplicación cuesta $36 por año para una versión premium y $60 por año para tener acceso completo a todo su equipo.

2. TeamViewer

Esta asombrosa aplicación te permite acceder a todos tus dispositivos remotos sin importar desde donde los estés viendo. Puede estar en un lugar y la aplicación se conecta instantáneamente a los archivos que necesitas y que actualmente se encuentran en otro lugar. La conexión también va tan lejos como para darle la posibilidad de realizar reuniones de audio, videoconferencias y opciones para compartir archivos. Con todas estas características, la colaboración con una mayor variedad de personas se hace más fácil y las cosas se hacen más rápido. La aplicación está disponible para usuarios de iOS y Android.

3. Yelling Mom

Yelling Mom es una aplicación divertida de usar. Se basa en los principios de una madre regañona que no te deja respirar hasta que hayas hecho lo que te dijo que hicieras. Una vez programada una tarea, la aplicación te recordará la tarea antes de que se acabe el plazo de entrega haciendo uso de algunas molestas alertas como una sirena o el silbato de un árbitro.

4. Serene

Serene está diseñado específicamente para manejar las distracciones y ayudarte a dar más concentración a las cosas que se deben lograr para ese día. La aplicación se encuentra actualmente en una fase beta privada, y necesitarás una invitación para poder utilizarla. Pero vale la pena estar atentos a su lanzamiento.

Una vez que haya establecido tu meta para el día, se te pedirá que la dividas en sesiones más pequeñas que durarán de 30 a 60 minutos cada una. Establece un marco de tiempo que sea lo suficientemente largo para completar la meta. Una vez que se inicia una sesión, la aplicación bloquea cualquier aplicación que pueda resultar ser una distracción. Aparece una cuenta regresiva en la pantalla mientras trabajas, y hay una opción para reproducir música relajante.

5. Coach.me

Coach.me es una plataforma que te conecta con entrenadores en línea que te ayudarán a alcanzar tus objetivos. Encontrarás diferentes entrenadores que son especialistas en diferentes categorías entre las que puedes elegir. El coaching se hace por correo electrónico, y es hermoso porque puedes conocer a alguien y hacer un amigo a medida que cambias tus hábitos. Los entrenadores responderán a cualquier pregunta que tengas.

6. Loop

Loop es una aplicación exclusiva para Android, y emplea un enfoque bastante diferente para ayudarte a concentrarse en las tareas. Loop es una aplicación para crear hábitos. En lugar de alejarte de los malos hábitos, te ayuda a formar otros nuevos y beneficiosos. Loop te ayudara a invertir más tiempo en lo que sea que debas hacer. Las principales características de esta aplicación incluyen

- Establecer un objetivo para las cosas que tú inviertes más tiempo haciendo
- Proporcionar un puntaje para determinar qué tan bien te estás desempeñando en el desarrollo de nuevos hábitos
- Establecer recordatorios para energizarte cuando la pereza se instala

7. HelloSign

HelloSign elimina el problema de la firma de un gran número de documentos al dar la opción de firmarlos electrónicamente. Todos los documentos que se firman a través de esta aplicación son legalmente vinculantes porque la firma sigue siendo real y no está diseñada electrónicamente. Un beneficio adicional es que todos los documentos firmados a través de la aplicación están organizados para que no pierdas tiempo clasificándolos cuando los necesites.

8. Drafts

Tomar notas y llevar un diario es cada vez más fácil con la aplicación Drafts. Una vez que se realiza una nueva entrada, la aplicación las etiqueta y las ordena rápidamente. Puedes utilizar algunas de las herramientas de la aplicación para convertir tus notas en mensajes de correo electrónico, tweets o documentos.

12 hábitos de rutina matutina para la productividad

Alto a la procrastinación

Una buena mañana siempre resulta en un buen día. Y tu rutina matutina parece ser realmente un factor importante que establece el tono para el resto del día. El éxito de tu día depende de los pequeños detalles de la mañana. Tienes que entenderte a ti mismo y la forma en que funciona tu cuerpo para ser capaz de captar todo el potencial de tu rutina matutina.

Se ha comprobado que las rutinas matutinas ayudan a algunas de las personas más exitosas del planeta a alcanzar sus objetivos. Una vez que se pierde la productividad por la mañana, siempre es difícil lograrla en cualquier otro punto del día. Aquí estudiaremos una sencilla rutina matutina que te ayudará a aumentar tu productividad durante el día.

1. Despierta de forma natural

Para una persona, a las 4 AM es la hora perfecta para levantarse y comenzar el día. Para otra persona, un día perfecto comienza a las 6 de la mañana. Para la segunda persona no es mejor despertar a las 6 de la mañana solo por ser unas horas después. Tómate tu tiempo para levantarte de la cama. No estoy predicando la pereza aquí, pero hay veces en que el cuerpo mismo todavía necesita más tiempo para levantarse de la cama. Salir de la cama antes de tiempo es una forma segura de crear caos. Lo más importante es poner a tu cuerpo en sintonía. Algunas personas funcionan mejor durante la noche y terminan levantándose tarde de la cama. Han sido productivos al menos durante ese día. Sólo asegúrate de que tu cuerpo permanezca alerta cuando llegue el momento de trabajar. Descansar la mente y el cerebro durante mucho tiempo en la cama es mejor que permanecer fuera de la cama y quedarse dormido durante todo el proceso. No conseguirás nada de esa manera.

2. No tomes decisiones importantes por la mañana

Es mejor que pases la noche anterior escribiendo las ideas y prepararte para el día siguiente. La fuerza de voluntad para hacer buenas elecciones y decisiones se reduce considerablemente por la mañana, y puede ralentizar el rendimiento de tu cerebro a un nivel óptimo. El que tengas todo el día planeado desde la noche anterior, ayudará a que tu mente se prepare inmediatamente y empiece a trabajar en las actividades del día.

3. Inicia el día con ejercicio

Es posible que haya escuchado esto unas mil veces, pero nunca se insistirá lo suficiente en la importancia del ejercicio para tu cuerpo. Tu cuerpo te está rogando que lo entrenes y lo desahogues. Las personas que hacen ejercicio a primera hora durante un día de trabajo son generalmente conocidas por poseer más energía para el día que otras. No tienes que ir a un gimnasio. Puedes caminar hasta la estación de tren, saltar cien veces o hacer otra cosa que estire tu cuerpo.

4. Limpia y despeja tu espacio de trabajo

Un espacio de trabajo despejado te dará más concentración y productividad. Cuando todo está desorganizado, tu capacidad de rendimiento óptimo se reduce. Las personas que trabajan en un ambiente limpio y organizado son generalmente más productivas que otras que se sienten cómodas con el desorden. El desorden te hace perder tiempo porque tus artículos de trabajo se perderán fácilmente.

5. Completa las tareas más duras y tediosas por la mañana

Una cosa hermosa de la mañana es que tu mente está lo más clara posible. Tu ambiente interno es sereno y está listo para funcionar durante el día. Debes priorizar esta oportunidad y realizar tus metas, especialmente aquellas que te importan más. Arregla todas esas cosas antes de que tus emails empiecen a llegar, y el celular empiece a sonar. Una vez que elimines esas tareas, el resto del día se desarrollará sin problemas.

6. Toma un vaso de agua fría

La hidratación ayuda a dar vida a tu cuerpo. Durante todo el tiempo que durmió, tu cuerpo permaneció con agua dulce entrando al sistema. Una vez que el agua entra en tu sistema, hace que sus músculos funcionen y proporciona a tu cuerpo nueva energía para el día. Uno de los mayores indicadores de baja energía es un cuerpo deshidratado. Comienza tu mañana refrescado tomando un vaso lleno de agua pura y fría y observe las maravillas que hará por tu cuerpo.

7. Reduce el tiempo que pasas frente a la pantalla

Excepto si haces tu dinero en línea o si es una celebridad en línea que necesita mantener a sus fans actualizados en tiempo real, entonces debe mantener su teléfono fuera del alcance por las mañanas. Los teléfonos inteligentes y las redes sociales se han revelado como algunos de los mayores asesinos de la productividad y facilitadores de la procrastinación. Puedes decidir dejar el teléfono en el cajón hasta la hora del almuerzo o ponerlo en modo avión.

8. Medita

La meditación te ayudará a enfrentar el estrés y la ansiedad que emanan del día anterior. Es mejor hacerlo temprano en la mañana cuando el mundo a tu alrededor está tranquilo y tu mente está en paz. La meditación te ayuda a concentrarte y completar una tarea a la vez, en lugar de ser arrastrado a diferentes tareas. Te permite estar presente en el momento.

9. Agiliza tus decisiones

La mañana viene con muchas opciones: qué vestir, adónde ir, a quién llamar, qué cocinar, etc. Trabaja en estas decisiones para que no te quiten demasiado tiempo cada mañana y te causen 'fatiga por decisión'. Ten una rutina para la mañana, como qué ponerse y qué comer. Hazlo de forma simple para que la decisión se tome rápidamente y puedas continuar con tu vida.

10. Estar agradecido

Despierta cada mañana y resalta las cosas buenas en tu vida, no importa lo pequeñas que sean. Tómate unos minutos y practica la gratitud. El proceso es gratificante, y te proporcionará una visión más clara para el día. También te ayudará a derrotar la negatividad, que es uno de los obstáculos para la creatividad y la productividad.

11. Lee una o dos páginas

Mientras que el ejercicio pone tu cuerpo en movimiento, la lectura pone tu mente en acción. Es probable que las personas que leen se adelanten a las que no leen. La lectura te mantiene informado sobre las últimas oportunidades disponibles para ti cómo puede maximizarlas.

12. Pase tiempo con la familia

No importa lo pequeño que sea, esto es necesario. Habla con tus hijos. Ríete con tu cónyuge y prepáralos para el día. Una persona que se va feliz de casa tiene más probabilidades de participar mejor en el trabajo. La felicidad genuina de saber que la alegría existe en tu familia es suficiente para energizarte para el día.

Capítulo tres: Encender tu fuerza de voluntad

¿qué saber sobre la fuerza de voluntad?

La fuerza de voluntad es la habilidad de ser capaz de controlarte a ti mismo; pero también va más allá de la habilidad como tal. Es una combinación de voluntad y poder. Tener que hacer algo regular, relajado y placentero puede no ser una tarea para tu fuerza de voluntad. A menudo, tu fuerza de voluntad se relaja ante decisiones y tareas accesibles. La firme determinación de hacer cosas que son difíciles (como querer perder peso o dejar de beber alcohol) es la verdadera definición de la fuerza de voluntad.

Gracias a investigaciones se ha demostrado que una parte de tu cerebro (la corteza prefrontal) potencia su fuerza de voluntad de la misma manera que el amor y el miedo son controlados por el sistema límbico del lóbulo temporal. La fuerza de voluntad se alimenta de energía mental al igual que las emociones, y esto puede causar que te sientas cansado o fatigado.

Estoy seguro de que puedes entender lo que sucede después de trotar por la mañana durante mucho tiempo o después de hacer algunas flexiones para mantenerte en forma. Los músculos se debilitan de forma natural. Lo mismo se aplica a la fuerza de voluntad cuando la parte del cerebro que la controla está estresada.

10 poderosas estrategias para aumentar la fuerza de voluntad

Estoy a punto de revelar reglas y tácticas ganadoras para ayudarte a silenciar las voces que se alzan en contra de tu fuerza de voluntad.

1. ¿Quién eres tú?

Hombre, conócete a ti mismo' es una famosa frase del filósofo Sócrates. La verdad es que sólo tú puedes decir tus puntos altos y bajos. Hay límites hasta los cuales tus habilidades pueden ser llegar. Tú sabes en qué momentos una broma se vuelve ofensiva para ti.

Querer conocerse a sí mismo podría llevarte a hacer algunas preguntas como;

- ¿Hasta dónde puedo llegar?
- ¿Qué tan bien puedo hacerlo?
- ¿Dónde soy más productivo?
- ¿Cuándo y dónde florece en mí la pereza?

2. Autoexploración

Muchas veces, te enfrentas a muchos factores de contención. Lo más probable es que te escuches más a menudo de lo que puedes contar hacer afirmaciones como: "No puedo ir más allá de aquí; no fui hecho para esto; no puedo hacer esto nunca más". "En el momento en que la palabra "NO" ocupe el centro de atención en la mayoría de tus actividades, entonces, debe saber que su fuerza de voluntad está en declive.

Ve a explorar tus habilidades, esfuérzate por hacer hazañas desconocidas y desafía el statu quo. En términos sencillos, ir más allá de los límites.

3. Mantente firme

"Mañana, aumentaré mi número de abdominales en diez." "Empezaré a beber sólo una botella de Coca-Cola al día a partir de la próxima semana." "Iré 200 metros más en la próxima caminata. "Estas son probablemente cosas que dijiste pero nunca hiciste. La procrastinación es una enorme señal de alerta en el camino del aumento de la fuerza de voluntad. El momento en que dejes de decir y empieces a hacer es el momento en que empieces a registrar cambios notables. Si no te mantienes firme, las afirmaciones se convertirán en una popular rima recurrente en el futuro. Así que, cualquier cosa que quieras hacer, ¡empieza ahora!

4. Involucra tu imaginación

Muchos de los inventos que se encuentran hoy en día son el resultado de la imaginación. Alguien imaginó tener que volar en el aire como un medio de transporte más rápido y conveniente en lugar de conducir por la carretera, y se hizo realidad. Hoy en día, tenemos los aviones más sofisticados. Lo mismo sucede con la fuerza de voluntad. El cuerpo responde a las imaginaciones de la misma manera que lo hace a las experiencias. Si imaginaste que fallaste una prueba, descubrirás que empezarás a sentirte incómodo, especialmente si eres el tipo de persona que detesta el fracaso. Si estás teniendo un día de estrés y te imaginas en una piscina acostado en un sillón reclinable con una botella de refresco y la sensación de una brisa fresca, su cuerpo comenzará a asumir esa posición y se sentirá relajado. Tu cuerpo se alimenta de tu imaginación. Usa el poder de la imaginación para aumentar tu fuerza de voluntad.

5. Aprende a decir NO

La mayoría de los desafíos a los que se enfrenta tu fuerza de voluntad surgen de tu incapacidad para decir no a los numerosos placeres que se te presentan. Tiendes a complacerte en demasiadas actividades que resultan en nada.

6. Ten una estrategia de recuperación

Si quieres tener éxito en incrementar tu fuerza de voluntad, especialmente a largo plazo, entonces tendrás que considerar esto. La fatiga también puede aplicarse a la fuerza de voluntad. Puede que te resulte bastante difícil mantener tu fuerza de voluntad si sigues y sigues con tanta fuerza sin ningún descanso o espacio para recuperarte. Es sólo cuestión de tiempo antes de que te canses y finalmente vuelvas al principio. Tómese unos breves descansos de recuperación.

7. Sé consciente de tu entorno

La presión y las circunstancias son vitales para aumentar su fuerza de voluntad. Si quieres lograr o llevar a cabo una tarea en particular, asegúrate de rodearte de cosas o personas relacionadas a la actividad o tarea. Si desea mantener una salud mental estable, es mejor que te quedes con personas que no sean tóxicas o volátiles con las que puedas tener conversaciones significativas y positivas. Separa de tu entorno personas y cosas que tienden a querer disminuir tu fuerza de voluntad.

8. Hazlo por partes

La fuerza de voluntad puede ahogarse ante la presencia de tareas enormes. Es natural desanimarse ante la vista de la gran responsabilidad. Incluso podría abrumarte. ¿Por qué no lo haces por partes? Es más cómodo y menos desafiante. Decidir leer un libro de 1000 páginas al día puede resultar desalentador. Sin embargo, dividir el libro en partes y decidir leer algunas páginas durante un período específico parece más fácil de lograr.

9. Establece cronogramas realistas

A pesar de que estás dispuesto a aumentar tu fuerza de voluntad, no exageres. Establecer objetivos poco realistas es como "construir tus castillos en el cielo"."

¿Cómo mantenerlo simple?

- Añada un poco más de tiempo a sus horas de lectura
- Haz cinco flexiones más
- Lea un libro extra en 2 semanas
- Hacer un poco más te ayudará a registrar un poco pero vital progreso.

10. **Entiende que todo depende de ti.**

Tu decisión de aumentar tu fuerza de voluntad es tuya. No estás en una carrera con nadie más que contigo mismo. Decide hacer esto por ti.

12 trucos geniales para sentirse instantáneamente motivado

La motivación viene en diferentes formas. Puede venir como una chispa de llama (en segundos o minutos) o gradualmente como un líquido altamente viscoso (en horas o días). La buena noticia es que puedes encender cualquiera de los dos mencionados. Para esta parte en particular, aquí hay consejos sobre cómo motivarse casi instantáneamente.

1. Consuma una dieta que libere dopamina

La dopamina es una sustancia química liberada por las células nerviosas y generalmente se asocia con el sistema de placer y recompensa del cerebro. La liberación de dopamina en tu cuerpo crea una sensación de placer que te motiva a repetir un patrón de comportamiento. Esto significa que comer alimentos que inducen la liberación de dopamina puede aumentar tu motivación.

Sin embargo, ten en cuenta que algunas dietas son capaces de reducir la liberación de dopamina, lo que podría causar una reducción en la motivación; alimentos como la grasa animal, la mantequilla, el aceite de palma y el aceite de coco entran en esta categoría. Es difícil evitar estos alimentos por completo, pero puedes tratar de reducir su consumo significativamente. Emplea tu fuerza de voluntad para lograrlo.

2. Adopta una postura más motivadora

En la inteligencia emocional (IE), principalmente cuando se trata de empatía, la comunicación no verbal es crítica. Es debido a que muchas cosas importantes se dejan sin decir que es crucial ser capaz de entender lo que no se dice. Lo mismo se aplica a la motivación. Algunas posiciones, posturas y movimientos corporales pueden influir en tu confianza. En otras palabras, puedes aumentar o disminuir la motivación.

- **Siéntate con el pecho empujado hacia afuera (no te encorves)**

Sentarse con el pecho empujado hacia afuera (una postura de confianza) le ayuda a mantener sus pensamientos con más confianza. Sucesivamente, si te sientas en una posición descuidada o con la espalda encorvada, se percibe como una postura dudosa y representaría una falta de confianza.

Estudios recientes han demostrado que sentarse de forma incorrecta puede hacer que uno se sienta menos orgulloso de su desempeño. También puede llevar a que las personas se rindan rápidamente en tareas cognitivas exigentes. Así que, siéntate derecho.

- **Párete derecho con los "brazos en jara"**

Estar de pie en "brazos en jarra" significa estar de pie con las manos colocadas en la cadera de tal manera que el codo se mueva hacia afuera. Se traduce en una postura expansiva, que hace que el cuerpo parezca más formidable y ocupe más espacio.

Demuestra dominio y confianza. La explicación científica detrás de esta postura es que aumenta la testosterona (hormona de la confianza) y disminuye el cortisol (hormona del estrés).

3. Haz declaraciones positivas.

"Estoy teniendo un éxito exponencial", "Puedo hacerlo porque fui hecho para ello", "Nada puede detener mi éxito", "Tengo lo que hace falta". Decirte estas cosas puede motivarte mucho en cualquier momento y hacer que te desempeñes mejor. Habla contigo mismo en voz alta.

4. Haz un trato

Cuando digo trato, me refiero a que le cuentes a un amigo tu decisión y le pidas que te supervise diariamente para asegurarte de que estás registrando mejoras. Hazlo más práctico añadiendo un compromiso monetario al acuerdo.

¿Qué quiero decir?

Entregue algo de dinero a su amigo con la condición de que si tú puedes lograr el objetivo de motivación, el dinero te será devuelto, si no, debe ser donado a una organización benéfica.

5. Utiliza el poder de la positividad para mantenerte motivado

Mientras vivas, siempre habrá momentos de negatividad. A veces, todo tu día puede parecer que va mal. Todo, por la razón que sea, puede empeorar. Tu jefe en el trabajo decide frustrar cada esfuerzo que haces. Tus hijos podrían enfermarse inesperadamente. Tus compañeros de trabajo pueden irritarte.

La cruda verdad es que no siempre podemos controlar las circunstancias en las que nos encontramos, pero es nuestra elección cómo responder a ellas. Puedes encontrarte en situaciones difíciles o desagradables; sin embargo, tendrás que decidir si te mantienes motivado a través de ellas.

Aquí hay algunos consejos sobre cómo la positividad puede ayudarte a mantenerte motivado.

- **Rodéate de gente positiva**

Se dice que "Dime con quién andas, y te diré quién eres" o habrás oído que " "Dios los cría, y ellos se juntan" ". Esto implica que su círculo de amigos o asociación es un excelente determinante de quién eres y cuánto puedes lograr.

Por un lado, si tienes a tu alrededor gente de mente positiva o siempre optimista, incluso cuando es difícil hacerlo, lo más probable es que estés influenciado por sus vibraciones positivas. Por otro lado, si tienes una relación tóxica o pesimista, estarás obligado a permanecer en estado negativo la mayor parte del tiempo.

- **No pienses en cosas que no puedes controlar.**

De hecho, no existe una condición perfecta. Las situaciones que están más allá de tu control están destinadas a surgir. Es esencial ser capaz de diferenciar entre las cosas que están dentro y fuera de tu control, en lugar de pensar en ellas o preocuparte por ellas. De lo contrario, perderás tiempo innecesariamente con ellos y lo más probable es que te retractes.

6. Ten un plan (escríbalo)

¿Preparas la actividad del día sin tener ninguna idea de cómo quieres que transcurra el día? ¿Cómo resulta finalmente? ¿Tomas tiempo para desarrollar un horario o un plan sobre cómo quieres que transcurra tu semana?

No es ninguna novedad que " El que falla en planificar planea fallar ".

Hacer un plan es como tener un mapa para ayudarte a navegar en tu actividad durante un período. Te da un sentido de dirección. También te ayuda a reducir el tiempo que pasas sin hacer nada o hacer cosas irrelevantes, así como a mejorar tu productividad.

Tener un plan, te hace organizado y te da una sensación interior de satisfacción, especialmente cuando puedes seguir tus ideas.

- Veamos cómo puedes configurar tu horario o plan para una semana
- Crea una lista de las actividades que deseas llevar a cabo durante la semana
- Reduce el programa a una lista de tareas diarias.
- Asigna un rango de tiempo para llevar a cabo cada tarea
- Sigue cada tarea
- Revisa cada tarea a medida que la vayas completando.

7. Cuenta tus bendiciones y aprecia tus pequeños logros

Una vez que puedas apreciar tus pequeños o significativos logros, te mantendrás motivado para lograr más. También es importante saber que formar el hábito del refuerzo positivo puede ser de gran ayuda.

El refuerzo positivo es recompensarse por los éxitos logrados o los logros registrados. Por ejemplo, después de una larga semana de trabajo y de haber logrado tus metas, puedes decidir si quieres darte un capricho. Comprarte algo que no te compras regularmente o ir a lugares de relajación y recreación son buenos ejemplos.

8. Ver desde una nueva perspectiva.

Si siempre has tenido pensamientos o sentimientos negativos, puedes decidir probar una nueva perspectiva de ser positivo. Ser positivo puede alterar tu vida de muchas maneras, más de las que puedes contar. También es increíblemente interesante y emocionante tomar una forma positiva.

9. Inténtalo de forma diferente

Tener que repetir una rutina puede ser agotador si es algo que va a durar mucho tiempo. ¿Por qué no intentarlo de otra manera? Sal de la rutina. Ver una situación o tarea desde una perspectiva diferente o nueva puede ser bastante aventurero.

10. Suscríbete a espectáculos y discursos motivadores

Escuchar charlas motivadoras o leer material motivador puede servir como refuerzo de la motivación. Somos principalmente un producto de lo que oímos y leemos.

11. Realiza una actividad agradable y divertida.

A veces, puedes sentirte fatigado o agotado de hacer lo mismo una y otra vez. Para mantenerte motivado, puedes participar en algunas actividades que son divertidas y relajantes.

Podrías decidir escuchar tus canciones favoritas de camino al trabajo, y también podrías decidir salir durante tu descanso en el trabajo para pasear. La sensación de estar fuera del confinamiento es refrescante.

Durante los fines de semana, puedes decidir hacer ejercicio. Los ejercicios tienen una forma de liberar dopamina, lo que aumenta la motivación.

12. Habla con alguien

A veces, puedes fracasar mientras tratas de motivarte, incluso después de trabajar tan duro para mantenerte positivo y motivado. Está bien llegar a este punto. No te lamentes. En su lugar, habla con alguien en quien confíes. Podrías ser un miembro de la familia, o podría contactar a un consejero. Él/ella podría guiarte sobre el mejor enfoque para devolverte la motivación.

15 CITAS INSPIRADORAS QUE TE ANIMARÁN

Hay mil y una citas que pueden llevarte a estar motivado para hacer cosas que nunca pensaste que podrías hacer. He aquí algunas de las citas cuidadosamente seleccionadas que invitan a la reflexión y elevan el alma.

1. "Si no construyes tu sueño, alguien más te contratará para que les ayudes a construir el suyo." -Dhirubhai Ambani
2. "No ruegues por el statu quo, desafíalo" - Anyanwu Emmanuel
3. "Todo lo que la mente del hombre puede concebir y creer, puede lograr." - Cerro Napoleón
4. "Las grandes mentes discuten ideas; las mentes promedio discuten eventos; las pequeñas discuten personas." - Eleanor Roosevelt
5. "No temas a la perfección, nunca la alcanzarás." - Salvador Dalí
6. "He fallado una y otra vez en mi vida, y por eso tengo éxito." - Michael Jordan
7. "El éxito se logra más a menudo por aquellos que no saben que el fracaso es inevitable." - Coco Chanel
8. "Nuestra mayor gloria no está en no caer nunca, sino en levantarnos cada vez que caemos." - Confucio
9. "La vida es el 10% de lo que me pasa y el 90% de cómo reacciono ante ella." - Charles Swindoll
10. "La mente lo es todo en lo que crees que te conviertes". - Buda
11. "Empieza donde estás. Usa lo que tienes. Haz lo que puedas". - Arthur Ashe
12. "El secreto del éxito es hacer las cosas comunes extraordinariamente bien." - John D. Rockefeller
13. "Es difícil fracasar, pero es peor no haber intentado tener éxito." - Theodore Roosevelt
14. "El éxito no es definitivo; el fracaso no es fatal. Lo que cuenta es el valor para continuar." - Winston Churchill

15. " Hace mucho tiempo me llamó la atención que las personas de logros rara vez se sentaban y dejaban que las cosas les sucedieran. Salieron y sucedieron cosas ".". - Leonardo da Vinci

Capítulo cuatro: Dosis diaria de autodisciplina

El mundo de hoy nos ha forzado literalmente a algunas realidades. Y la verdad sobre este cambio es terrible. Piensa en el éxito como uno solo. Para tener éxito en cualquier trabajo, debes tener como ingrediente esencial las habilidades técnicas para desempeñarse eficazmente. El ingrediente añadido para la excelencia es la creatividad. Pero no todo el mundo entra en esta categoría. No es por nada; es sólo que los seres humanos no han sido capaces de fijarse metas para lograrlo. Fijarse metas te da control. Siempre hay una dirección a seguir. Te da una idea de por dónde debes empezar, qué dirección debes tomar y finalmente, tu destino está asegurado. Algunos incluso tienen la idea de establecer grandes objetivos, pero se quedan atascados en el proceso de alcanzar esos objetivos a largo plazo.

Hay diferentes maneras de alcanzar las metas. Mantener algunas metas (que pueden ser una carrera, vida, familia, etc.) tiene sus propias estrategias. Este proceso depende de la persona involucrada, ya que no todos están en el mismo nivel de logro. El personal de alto nivel de la gerencia tendrá metas concisas y será muy útil para alcanzarlas debido a los muchos años de establecer metas. La experiencia en cuestión distinguirá la tasa de éxito en comparación con la de un funcionario de nivel directivo inferior.

Sin embargo, con una intensa autodisciplina, lograrás estas metas de manera efectiva. La autodisciplina es una habilidad esencial y útil que todo el mundo debe poseer. Y por muy importante que sea esta habilidad, sólo unas pocas personas reconocen su importancia. Ser auto disciplinado no significa necesariamente que tengas que ser demasiado duro contigo mismo o expresar el mismo sentimiento a las personas que te rodean. Esto no significa que deba limitar tu estilo de vida a uno aburrido. La totalidad de la autodisciplina es tener autocontrol. Es la capacidad de medir tu fuerza interior y cómo puede transformarse para controlar tus acciones. Entonces tienes la conciencia de reaccionar sin prejuicios.

Tener autodisciplina te permite continuar con la toma de decisiones, lo que te ayuda a lograr tus metas con facilidad. Es más sobre la fuerza interior para mantenerte en marcha. Tiene control sobre otros hábitos internos terribles. La adicción y la procrastinación es un hábito profundamente arraigado que la autodisciplina ayudará a eliminar. Dicho esto, es evidente que la autodisciplina es necesaria para nuestra vida cotidiana.

10 consejos importantespara desarrollar una fuerte autodisciplina

Lo mejor de la autodisciplina es que es un comportamiento que se puede aprender. Nuestras decisiones están vacías de impulsos y sentimientos inestables. Aquí hay consejos útiles para desarrollar una fuerte autodisciplina.

1. **Establece una fecha**

Las investigaciones han demostrado que poner fechas en las actividades ayudan a mantenerse enfocado y decidido a lograrlas. También ayuda a mantener un régimen, lo cual, a largo plazo, ayuda a construir una fuerte autodisciplina. Por ejemplo, puedes asignar una actividad a los lunes, y darle seguimiento consistentemente. Con suficiente tiempo, habrías creado un régimen para esa actividad y, a su vez, habrías preparado la autodisciplina para realizar siempre esa actividad los lunes. Podrías pensar en separar los jueves para tu clase de karate. Una vez que estés comprometido durante las primeras semanas, un conocimiento subconsciente erupcionará. Incluso sin establecer recordatorios, llegarás a saber que los jueves no son para una fiesta en la piscina. Consigue una pegatina y pégala en tu calendario con el nombre de la actividad. O puedes crear un recordatorio en tus dispositivos móviles

2. Identifica lo que te motiva

La prioridad es esencial para identificar qué tan auto disciplinado eres. Concéntrate en lo más importante. No hay necesidad de meterse en lo que te degradará y desestabilizará. Y el compromiso no se establecería si no estás seguro de lo que necesita hacer exactamente. Siempre hay una alta posibilidad de éxito cuando hay un sentimiento de urgencia. Mantén la mentalidad de "debo". "Siempre debo lucir pulcro, sin importar lo cansado que esté".

Necesitas motivación para empezar. Una vez que hayas priorizado tus objetivos, adjunta módulos que te mantengan en marcha. Tu meta podría ser obtener un ingreso estable para mantener un estilo de vida cómodo. Este objetivo es apropiado y específico. Una vez que identifiques que un ingreso estable es esencial, te ayudará a enfocarte en tus metas. Con esto te das cuenta de que puedes controlarte contra otras cosas que podrían tener un efecto negativo en tus ingresos. Comprende también que no puedes ser auto disciplinado si no estás motivado para continuar.

3. Afirma tus metas y visualiza los beneficios que obtendrás

Debe haber un plan para alcanzar los objetivos fijados. La mayoría de las veces, nos distraemos por el resultado que descuidamos las estrategias para hacerlas funcionar.

Analiza cómo crees que esto funcionará bien para ti. Asegúrate de ser lo más específico posible. Los beneficios descritos te darán un sentido de responsabilidad. Imagina que has destacado que uno de los beneficios de comer saludablemente es la buena forma del cuerpo. En el momento en que empiezas a alimentarte bien, y notas el cambio en tu cuerpo, puedes marcar rápidamente los beneficios como los que ya has logrado. Te empujará a un lugar donde abrazarás otros intereses que has descubierto.

Afirme consistentemente sus metas y los beneficios que obtendría de ellas. Su mente estará en sintonía repetidamente con esos objetivos establecidos. Si dices todas las mañanas: "Soy un gran atleta porque batiré el récord de conseguir una beca de 4.000 dólares", "Estoy consiguiendo ese contrato, y eso me convierte en un mejor ingeniero". Con el tiempo, su mente se vuelve disciplinada y determinada a alcanzar estas metas.

4. Haz planes alcanzables y apégate a ellos

Las tentaciones están destinadas a surgir siempre que se esté decidido a alcanzar una meta. Pueden ser una distracción las redes sociales o incluso tus amigos. Algunas también pueden venir cuando parece que no estás progresando. Comprenderás que esto podría impedirte alcanzar tus objetivos. Sin embargo, tus metas deben ser alcanzables. No seas ambiguo. Deje que sea intenso a tu gusto, condición de trabajo, estilo de vida y rutina. Incluye la cantidad exacta, la hora, las personas y las fechas. Estas variables hacen que sea fácil atenerse a la fórmula establecida.

5. Haz de tu régimen una combinación de cosas que necesitas hacer y de cosas que deseas hacer

La investigación de la ciencia de la gestión ha demostrado que la combinación de estas dos actividades ayuda a formar buenos hábitos y también ayuda a lograr rápidamente lo que se necesita. Puedes hacer las cosas, incluso en la diversión de hacer otras cosas. Sólo tienes que decidir qué se puede combinar para obtener el resultado deseado. Por ejemplo, quieres tener un día de chicas para hablar y divertirte. Puedes elegir el mismo día que elegiste para el gimnasio. Después de algunas bromas, acuerda con tus amigos ir a una sesión de ejercicios. Incluso puedes hacerlo competitivo. De esta manera, has logrado una actividad que necesitas al combinarla con un evento que deseas.

6. Duerme y come bien

La falta de sueño y alimentación adecuada hace que la corteza prefrontal (que es responsable de la autorregulación) se desempeñe menos de lo esperado. Además, la capacidad de concentración de una persona cuando tiene hambre se reduce al mínimo, ya que la falta de alimentos causa falta de azúcar, lo que a su vez debilita a la persona. El hambre produce una sensación de falta de voluntad. Siempre va acompañada de cansancio. Tu fuerza de voluntad para hacer cualquier cosa está siendo afectada. Por lo tanto, no estás motivado para concentrarte en lo que necesitas hacer. Para mantenerse concentrado y disciplinado, asegúrate de comer y dormir adecuadamente.

7. Recompensa cada progreso

¿Recuerdas cuando eras niño y tus padres dijeron que te recompensarían con un regalo si aprobabas tus exámenes? Y cada vez que cumplían su promesa era motivación para que estudies más? Esta lógica también funciona para construir la autodisciplina. Si te recompensas por cada progreso que haces, de esa manera te mantienes motivado para hacer más, concentrándote en los beneficios que se obtendrán.

8. Obtén un Círculo Auto-Disciplinado

La motivación externa es la primera hélice de la formación de hábitos. Así como la presión de grupo puede hacer que una persona forme malos hábitos, tener un círculo de amigos auto disciplinados puede motivarte a ser auto disciplinado. Como dice el dicho: "Dime con quien andas, y te diré quién eres". Rodéate de personas que te den una sensación de satisfacción. Estas son personas que tienen el mismo sistema de creencias que tú. Incluso cuando parece que estás perdiendo fuerza de voluntad, consigues encontrar fuerza en su resiliencia. Te animarías fácilmente si supieras que tus amigos han sido capaces de dominar un curso en particular con el que tú estás luchando.

9. Hazlo por ti mismo

La autodisciplina es buena, pero lo más importante es que es mejor si el propósito no está sesgado. Si tu objetivo es ser más disciplinado, asegúrate de que sea únicamente una decisión tomada por ti. De esa manera, apreciarás cada progreso que hagas. Esto no significa que no puedas buscar consejo profesional o ayuda de tus amigos. Sólo significa que tienes que ser sincero sobre tus planes de acción sin ningún tipo de prejuicio.

10. Desafíos Futuros

No querrás caer en el autoengaño creyendo que todo funcionará según lo planeado. Podría tropezar, averiguar qué lo desencadenó y evitar caer en el mismo problema en el futuro. Pronostica otros desafíos que puedan surgir a medida que avanzas en el camino de la autodisciplina. Piensa en distracciones y problemas, no tienen que someterte. Crea un plan para abordarlos.

7 prácticas diarias para mantener la autodisciplina

La autodisciplina no se puede alcanzar en un día. Requiere consistencia y perseverancia, y sólo las prácticas diarias pueden construirla. Comprométete a saber que el viaje hacia la autodisciplina máxima no es aceptable, pero el final es siempre algo recordar. Aquí están las prácticas diarias que puedes usar para construir tu autodisciplina.

1. La prueba del baño frío

Todo el mundo odia los baños fríos, especialmente por la mañana. Esa ráfaga de hielo que golpea tu rostro cuando todavía estás tratando de mantener los ojos abiertos puede ser bastante molesta. Se requiere mucha decisión y disciplina para someterse a esa explosión de hielo todas las mañanas. Y si puedes salir adelante cada mañana, ese es otro paso hacia la máxima autodisciplina. Prepare tu mente para el hecho de que la autodisciplina no se será atractiva al principio. Y puede incluso llegar a ser una carga y consumir mucho tiempo a medida que avanza el tiempo. Requerirá mucha paciencia y compromiso, especialmente si no estás dentro de tu cultura. Pero al final, tendrás más razones para mantenerte disciplinado.

2. Meditación diaria

Sentarse en un lugar con los ojos cerrados y escuchar la respiración puede parecer tonto al principio. ¿Pero sabes que la meditación es una gran manera de construir el autodominio? Porque requiere un alto nivel de concentración para que te sientes en un lugar y escuches conscientemente tu respiración. Considera hacer esta práctica todos los días, y aumentarás la fuerza de tu autodisciplina. Además, la meditación ayuda a aclarar tu mente, lo que a su vez te permite reconectarte con tu ser interior. Trata de sentarte y escuchar tu respiración todas las mañanas. Después de algunas semanas, habrás disciplinado tu mente para concentrarte en tu ser interior y habrás construido tu autodisciplina a través de este ejercicio.

3. **Identifique tus puntos débiles**

Todo ser humano tiene debilidades, y la mayoría de nosotros tendemos a pasarlas por alto. Ser disciplinado significa que entiendes tus defectos, desafíos y debilidades, pero estás decidido a superarlos. Si eres un "glotón" pero estás comprometido a dejar de comer fuera de proporción, el primer paso es reconocer tu problema. "Es que me gusta saborear todo lo que veo, o no me satisface comer más carbohidratos "entonces, pregúntate, ¿Cómo puedo resolver este problema? Después de haber adquirido una solución, haz un seguimiento consciente de la misma teniendo en cuenta la imagen del resultado (menos peso). Admitir estos defectos es el primer paso para superarlos. Por lo tanto, para alcanzar el estado máximo de autodisciplina, debes reconocer que hay una necesidad de la autodisciplina y los obstáculos que te impiden alcanzarla.

4. **Corre todas las mañanas**

Una carrera de una milla toma de seis a diez minutos y una nueva determinación para salir adelante. Puede parecer difícil de lograr al principio, pero es una herramienta útil para aumentar la resistencia y la disciplina. Correr todas las mañanas te da un arranque automático para el día y suficiente energía para salir adelante. Asegúrese de hacerlo antes del baño frío para maximizar el crecimiento de su autodisciplina. Si eres reacio a hacer esto solo, habla con un amigo al respecto y los dos podrán empezar. Asegúrate de que tu objetivo de correr se cumpla.

5. **Tiende tu cama**

Todo el mundo quiere levantarse, saltar de la cama y seguir adelante con su día. Nadie ve la necesidad de tomar de dos a tres minutos para tender sus camas. Por lo tanto, se requiere mucha disciplina para decidir conscientemente tender la cama. Siempre convéncete de que es necesario tender tu cama porque promueve un hábito positivo de limpieza. Lo bueno es que toma muy poco tiempo. Un esfuerzo consciente para hacerlo cada mañana puede mejorar significativamente tu autodisciplina.

6. Elimina las tentaciones

Las tentaciones y distracciones matan la disciplina. Sin ellas, es posible alcanzar la máxima autodisciplina. Sin embargo, su presencia hace que seas lento o te dé por vencido. Cada distracción o tentación es única para cada objetivo, y entenderlos te ayuda a eliminarlos y a mantener el rumbo, lo que aumenta tu confianza en ti mismo. Cuando estés tentado o desanimado, recuérdate que "este es el mejor momento para dar lo mejor de mí".

Las afirmaciones por sí mismas no erradicarán las tentaciones. Analiza esas cosas que te obsesionan, deshazte de ellas y rehúsate a realizarlas Si estás tratando de leer, mantente alejado de la PlayStation. Los videojuegos no te ayudarán a concentrarte durante los exámenes. Haz un horario de cuándo salir con tus amigos si te ves desperdiciando un momento productivo con un conocido cercano. Si tienes problemas para estudiar un libro electrónico en tu teléfono debido a las actualizaciones de un juego de aventuras, cierra la aplicación o desinstálala si es necesario.

Que la tentación sea un recordatorio positivo de que lo has estado haciendo bien, y que no es el momento de rendirse.

7. Sé Intencional Sobre tus Metas

Para conseguir unos mejores resultados, es necesario un compromiso general con los objetivos diarios. No serías la mejor versión de ti mismo si no hubieras tenido el propósito de alcanzar tus metas. Empieza por dejarlo claro. Escríbalas. Tu diario o cuaderno de notas puede ser un excelente lugar para escribirlo. También puedes escribir cualquier afirmación que creas que te motivará a seguir adelante.

20 afirmaciones positivas para inspirar autodisciplina

Alto a la procrastinación

Todo lo que te dices a ti mismo constantemente se queda en tu mente permanentemente. Esto crea una percepción que es en la que trabajas. Esta es la razón por la que las afirmaciones son una parte significativa de la construcción de la autodisciplina. Cada día cuando te despiertes, di estas afirmaciones.

1. Soy una persona fantástica, y estoy agradecida por esta oportunidad de crecer.

2. Estoy decidido a mejorar mental, espiritual y emocionalmente.

3. Debo trabajar en mí mismo. Estoy haciendo lo correcto.

4. Este día es un día excelente para mí, y lo estoy pasando con un espíritu de gratitud.

5. Me adapto a lo que estoy llegando a ser: mi fuerza me motiva, y mis debilidades me desalientan. Supero todas las faltas. Mis defectos se convierten en ventajas.

6. En este día, estoy definiendo intencionalmente los límites y eliminando toda forma de distracción y tentación.

7. Tengo el control total de mi tiempo, y hoy no tengo ningún mal hábito.

8. Soy fuerte y capaz de ser auto disciplinado, además de que alcanzaré mi máximo estado de autodisciplina

9. En todo momento, sé lo que se espera de mí, y eso es lo que haré.

10. Estoy cumpliendo con cada tarea que tengo hoy. Soy consciente de los beneficios de vivir saludablemente. Por lo tanto, comeré bien.

11. Estoy dando lo mejor de mí en todo lo que hago hoy. Prospero en el trabajo de mis manos.

12. Hoy, cuando decido hacer mi rutina diaria, logro todo lo que se me propone. Soy organizado y puntual en cada área de mi vida.

13. Ningún desafío puede derribarme. Supero todas las dificultades. Las circunstancias naturales no me detienen.

14. La preocupación no resolverá mis problemas. Por lo tanto, no me preocuparé por nada.

15. Mi imaginación es activa. Utilizo mi poder imaginativo para crear excelencia. Mi mente está abierta a recibir nuevas ideas. Soy rápido para actuar por impulso positivo. Estoy motivado desde dentro. ¡Nada puede detenerme!

16. Mi mente se siente atraída por la positividad. No veo la negatividad. Estoy progresando a pasos agigantados.

17. Afirmo que soy una ventaja en mi mundo. Este no es el momento de rendirse conmigo mismo. No soy ordinario. No me intimidan los desafíos

18. Yo reinaré en la vida. Todas las cosas funcionan juntas por mi bien. Estoy fortalecido y energizado para la victoria de hoy.

19. Soy consciente de la vida. Mi cuerpo es enérgico y lleno de vitalidad. No hay espacio para la enfermedad, la dolencia, el malestar o cualquier cosa que traiga dolor a mi cuerpo.

20. Nada puede derribarme. No veo la tentación actual. Estoy lleno de beneficios.

Capítulo cinco: Lograr la concentración

El ser humano promedio tiene un corto período de atención que no dura ni siquiera ocho minutos. Sorprendentemente, esa es la capacidad de atención de un pez dorado. Debido a la vida digital, este número se ha reducido aún más. El cerebro siempre está atento a la próxima cosa emocionante que suceda en el medio ambiente. Lo más probable es que nos aburramos por este motivo.

Tu capacidad para concentrarte y prestar atención a tu entorno es esencial para tu supervivencia. Es una habilidad, y tienes que mejorarla para hacerlo mejor. La concentración es igual que el sistema muscular del cuerpo. Mientras más ejercicio, más fuerte y sustancial te vuelves. El proceso para lograr la concentración es una batalla mental en la que tienes que participar para mejorar. No pienses en la idea de que tú eres el tipo de persona que fácilmente pierde la concentración. Aceptar esa narrativa significará tu perdición.

La pregunta que queda ahora es: ¿Cómo se puede construir y desarrollar la concentración? En una época en la que todo está compitiendo por tu atención y tirando de ti en diferentes direcciones, ¿Qué se puede hacer para mantener tu mente alerta?

10 ejercicios de atención para aumentar la concentración

Como mencioné antes, tu mente y tu fuerza de concentración pueden ser ejercitadas para aumentar su valor. Al igual que un instructor de gimnasia le enseñará ejercicios para que desarrolles diferentes partes de tu sistema muscular, hay otros ejercicios para la mente que pueden ser usados para construir tu "sistema de concentración". Recuerda, tu éxito depende en gran medida de lo bien que puedas concentrarte y capturar los detalles que te rodean. Aquí están algunos de esos ejercicios que puedes hacer:

Alto a la procrastinación

1. **Ejercicio Uno:** Toma un libro o revista y ábrelo en cualquier página que te parezca interesante. Lee esa página y entiende su contenido. Comience a contar las palabras de la página, párrafo tras párrafo. Al contar, toma nota de cada palabra contenida en cada párrafo. Trate de entender su función en cada frase. Entonces revísalo y haz un recuento. Una vez que notes que puedes contar fácilmente las palabras del primer párrafo, puedes pasar al siguiente.

2. **Ejercicio Dos:** Cuenta regresivamente del 100 al 1. Haz un dibujo de cada número a medida que lo cuentas y hazlo más rápido posible. Concéntrate en imaginarte los números enteros en una línea de diez. Aumente su conteo a un rango de 500 y 1000.

3. **Ejercicio tres:** Toma un objeto y enfoca toda tu mente en él. Podría ser una fruta, un juguete o cualquier otro objeto. Observe sus componentes y características, las cosas que componen este objeto en particular. Tome nota de su forma, color, tamaño, defectos y todo. Continúa escogiendo todas estas cosas y no permitas que tu mente se desvíe mientras hace esto. Aunque lo haga, llévala de vuelta al inicio. Haz esto por tres minutos a la vez y continúa aumentando hasta que finalmente lo domines.

4. **Ejercicio cuatro:** La próxima vez será para visualizar el objeto que acaba de observar. Cierre los ojos por un momento y trate de imaginar lo que ha estudiado durante algún tiempo. ¿Cómo es que tu mente te muestra la imagen? Trata de traer de vuelta todas esas cosas que descubriste mientras observabas el objeto. Si tu mente no logra producir un modelo claro, ábrelo por un rato y observa de nuevo. Luego cierre los ojos y vea qué tan bien se forma la imagen. Haz esto repetidamente hasta que finalmente pueda visualizar el objeto en su forma completa.

5. **Ejercicio cinco:** Elige una palabra o frase en particular en tu mente y sigue repitiéndola para ti mismo en tu mente. Haz esto

silenciosamente sin causar ninguna atención hacia ti mismo. Haz esto hasta que tu mente aprenda a concentrarse durante todo el proceso durante unos diez minutos.

6. **Ejercicio seis:** Puedes jugar un pequeño juego con tu nariz. Cuando pase por un jardín de flores o por el parque local, mantén la nariz abierta y lista para captar los diferentes tipos de olores de flores que se pueden detectar. Este ejercicio requiere un cierto nivel de concentración para diferenciar los distintos olores del ambiente.

7. **Ejercicio siete:** Toma una buena posición y quédate quieto. Puedes acostarte o sentarse en una silla. No se mueva mientras permanezca en esa posición. Mantenga su concentración total en los latidos de su corazón. Trate de imaginar el mecanismo del flujo sanguíneo a través de su sistema y trate de averiguar a dónde llega la sangre alrededor de su cuerpo. Con la práctica constante, pronto podrás sentir que tu sangre fluye a través de tu cuerpo.

8. **Ejercicio ocho:** Practique el arte del autocontrol. Podrías ser el tipo de persona con un fuerte deseo de hablar y derramar secretos sobre los demás. Al aprender a controlar estos impulsos, serás capaz de energizar tu fuerza de concentración. Al El mantener estos impulsos controlados es más poder del que podrías comprender. Te ayudará a poner Tu voluntad y deseo en jaque. No importa lo emocionantes que sean las noticias, haz todo lo posible por mantenerlas en secreto hasta la hora señalada para la cual deben ser reveladas.

9. **Ejercicio Nueve:** Trata de mantener tu mente libre de cualquier forma de pensamiento. Esta será probablemente la más difícil de todas las otras actividades. Su mente está siendo constantemente bombardeada con ideas, y para mantenerlas fuera requiere mucha concentración. Trate de hacer esto por un minuto a la vez. Una vez que se logre ese tiempo, puedes pasar a cinco minutos y luego a diez minutos.

10. **Ejercicio 10:** Participa en el arte. El arte aquí no sólo se refiere a la pintura, los dibujos o las esculturas. El arte es mucho más amplio que eso. El arte está en tu conversación diaria. El arte está en las películas que ves y en la canción que escuchas. Presta más atención, y no hagas estas cosas porque estás aburrido. Puede que no sepas lo que puedes descubrir, y finalmente aprenderás a concentrarte prestando atención a estas pequeñas cosas.

5 ejercicios de plena atención para desarrollar concentración

La concentración es considerada un ingrediente esencial para el éxito en la vida o en cualquier esfuerzo. Es un rudimento a las mejoras de tus mecanismos de pensamiento tales como tu capacidad de aprendizaje, fuerza de percepción y resolución de problemas. El aprender a construir la concentración se vuelve muy importante cuando se consideran estos factores. La concentración le ayuda a lograr la claridad mental. Hay varias maneras de empezar a practicar cómo crear la concentración y utilizarla para completar cualquier tarea.

La atención en este sentido se refiere a un estado de estar presente en el momento. Es ser consciente y abierto en el momento. La atención disuade a la mente de vagar y perder su lugar.

1. **Ejercicio Uno:** Nunca eres el mejor cuando tienes prisa. Cuando disminuyes la velocidad, aprendes a reconectarte con el medio ambiente. Disminuye la velocidad mientras caminas por la entrada. No mastique la comida demasiado rápido. Toma tu mente y aprecia el mundo que te rodea. La ralentización no significa que seas vago o perezoso, la ralentización es mirar más profundamente y prevenir errores. Recuerda lo que dicen: Lento, pero seguro gana la carrera.

2. **Ejercicio Dos:** ¿Qué ves cuando cierras los ojos? ¿Qué hay detrás de tus párpados cerrados? Los ojos son una fuente importante de distracción para la mente. Cierra los ojos y corta esa distracción. Cierra los ojos y concéntrate en las imágenes de tu mente. Escucha los sonidos a tu alrededor. Tus otros sentidos funcionan mejor una vez que sus ojos están cerrados, así que ciérrelos y ve lo que puedes descubrir.
3. **Ejercicio tres:** Entrena tus ojos para captar el patrón de las huellas. Aprender los pasos es una manera correcta de entender la naturaleza humana y animal. Los pasos son como mensajes que necesitan ser descifrados. Si puedes entrenar tu mente y tus ojos para captar cosas tan pequeñas y aparentemente insignificantes como un patrón de pasos, será bastante más fácil escoger lo esencial.
4. **Ejercicio cuatro:** Cada vez que somos propensos a emociones que no necesariamente entendemos. Es posible que pronto nos encontremos sin prestar atención a lo que sentimos. Este ejercicio implica que encuentres un nombre para tu emoción y que señales la razón por la que te sientes de esa manera.
5. **Ejercicio cinco:** Observa a las personas que te rodean. Puedes practicar en una oficina o en cualquier espacio público. Mantén tus ojos en una persona y observa lo que está haciendo. Observa su lenguaje corporal y su forma de vestir. Trata de mantener una imagen de ellos en su mente, para que los olvide una vez que le quite los ojos de encima. Sea más consciente de las personas que le rodean y de las acciones que llevan a cabo.

10 maneras de derrotar las distracciones

La mayoría de las veces, empezamos con buenas intenciones de tener nuestras mentes en la tarea a realizarse, pero algo sucede que pronto descubrimos que hemos perdido la concentración. Sabes que tienes la habilidad, la fuerza y el impulso para seguir adelante, pero las distracciones siempre tienen la ventaja y pronto notas que has sido dominados. Piensa en las distracciones como pequeñas plagas en tu lugar de trabajo que perforan agujeros e impiden la productividad. Si no haces nada al respecto, se vuelven más fuertes y continúan construyendo su red sobre ti. Si tan sólo puedes tomarte un tiempo libre y tratar de calcular cuántas horas has perdido por distracciones, entenderás lo mal que se ha vuelto la situación. Y la verdad es que las distracciones son tan poderosas, y es necesario hacer esfuerzos conscientes para poder derrotarlas. Algunas de estas estrategias te ayudarán a mantenerse en la cima y superar las distracciones:

1. **Identifica tus fuentes de distracción:** Diferentes personas tienen diferentes cosas que los distraen. Para algunos, sería ver videos de balé en YouTube, mientras que para otros, serían sus propios pensamientos. Todo lo que necesitas hacer primero es identificar lo que constituye una distracción para ti. Este es el primer paso para eliminar estas plagas.
2. **Desarrolla hábitos a prueba de distracciones:** Hay pequeños hábitos construidos con el tiempo que pueden ayudarte a convertirte en una mejor persona en general. Para que estos hábitos crezcan, primero debes crear un ambiente amigable y sin distracciones para ellos. Nunca es una tarea fácil, y requerirá mucho trabajo. Pequeñas cosas como el bloqueo de anuncios y el apagar el teléfono pueden ayudarte a crear estos hábitos. Otras personas a tu alrededor deberían tener la idea de que has entrado en un modo libre de distracciones y puedes informarles con actos sencillos como cerrar la puerta de tu oficina o ponerte los auriculares. Guarda todo lo que pueda servir como fuente de distracción, y tu mente comenzará a aprender que puede prescindir de esas distracciones.
3. **Mantén tu mente bajo control:** Tus pensamientos son algunas de las fuentes más sutiles de distracción. Observa cómo tu mente comienza a vagar cuando está llevando a cabo las actividades más serias, incluso durante un examen. Usamos

un buen porcentaje de nuestra mente pensando en otra cosa mientras realizamos una tarea. La clave aquí es notar cuando la mente está a punto de comenzar a distraerse y retenerlo. Esto significará prestar mucha atención a tu mente. Si hay un problema al que tu mente sigue volviendo, entonces deberías encontrar una solución a ese problema y liberar tu mente.

4. **No realice varias tareas a la vez:** Abundan los mitos sobre los beneficios de la multitarea. Aunque algunas personas son muy competentes en el acto, yo no lo apoyo. La multitarea no es sólo una distracción, sino una clara fuente de fatiga para el cerebro. Es posible que sientas que has logrado más cuando haces varias tareas a la vez, pero cuando lo revisas, descubrirás muchos más errores en las cosas que pensaste habías hecho bien. Detener una tarea y poner en marcha otra es un deterioro para tu cerebro y el enfoque puede perderse fácilmente.

5. **Un pequeño descanso te hará bien:** Siempre que notes que te estás distrayendo, puedes tomarte un breve descanso y reevaluar el trabajo que tiene entre manos. Trata de recapturar las razones por las que tiene que permanecer concentrado en tu trabajo y dale a tu mente una razón para concentrarse. u cerebro necesita que se le recuerde por qué la tarea es importante y por qué las distracciones no deberían ser una opción.

6. **Divida las tareas en fragmentos más pequeños:** Las distracciones son más propensas a presentarse cuando un proyecto parece abrumador. Es mejor que las tareas se dividan en proyectos más pequeños para que el cerebro se engañe y piense que el trabajo es más fácil y que tomará mucho menos tiempo. Con cada proyecto realizado, se siente una sensación de logro que te lleva a hacer más.

7. **Establece fechas límite para cada tarea:** No empieces una tarea sin una fecha límite. El tiempo lo es todo. Dele a tu mente y a tu cerebro un tiempo para completar la tarea. Esto le dará un sentido de urgencia, y tu mente estará ansiosa por lograr el trabajo más rápido.

8. **Hazte a un lado:** Esto va para las personas que son propensas a distraerse cuando la gente está a su alrededor. Es necesario tener gente a tu alrededor en todo momento, pero también debes ser capaz de identificar cuándo constituyen una distracción en tu vida. Antes de comenzar una tarea, puedes decirle a la gente que te rodea lo importante que es y cuánto espacio te gustaría que te dieran. O puedes alejarte de ellos hasta que termines el trabajo. Es posible que no entiendan lo importante que es para ti completar esa tarea con éxito.
9. **Lleva un registro del patrón diario de tu vida:** Tendría sentido que llevaras un registro de las actividades de cada día por la noche para averiguar cuánto tiempo pasas haciendo qué. Esta evaluación te ayudará a identificar rápidamente los patrones de distracción en tu vida que necesitas combatir. Una vez que se hayan identificado estos hábitos, puedes empezar a trabajar para crear hábitos que eliminen su efecto.
10. **Empieza temprano:** Anteriormente en este libro, hablamos acerca de permanecer en la cama hasta que su cuerpo esté listo para levantarse. Pero a veces necesitas empujar tu cuerpo fuera de la cama para hacer las cosas. Este período del día es el que mejor se utiliza para comenzar el día. Hay pocas distracciones en este punto del día, y tu mente está más activa y lista para actuar.

7 alimentos que pueden ayudar a aumentar tu poder mental

Debes hacer todo lo posible para proteger tu cerebro y ayudar a aumentar su poder operativo. La importancia de tu cerebro es muy relevante. Está a cargo de un montón de cosas que pasan alrededor de tu cuerpo. Cuando se consideran todos estos factores, se descubre por qué es muy importante mantener el cerebro en un estado de funcionamiento óptimo.

Algunos alimentos se pueden tomar para que el cerebro funcione al máximo. Estos alimentos tienen un gran impacto en la estructura y la salud del cerebro. También tienen algunos nutrientes menores y mayores que son necesarios para que el cerebro funcione a niveles óptimos. Se ha comprobado con el tiempo que las partes de nuestro cuerpo comienzan a deteriorarse a medida que envejecemos, y esto incluye el cerebro también. Pero incluso así, puedes ayudar a tu cerebro a mantener su salud a medida que aprendes a comer de forma inteligente. Algunos de estos alimentos pueden ayudar a que tu cerebro funcione mejor:

1. **Arándanos**

Diferentes investigaciones han demostrado que los flavonoides producidos por esta fruta son muy útiles para mejorar la memoria. También se sabe que protegen el cerebro y reducen los efectos de la enfermedad de Alzheimer y la demencia. El cerebro necesita los antioxidantes producidos por los arándanos, como también para mejorar la comunicación entre las células cerebrales. Puedes agregarlos a tu cereal en las mañanas o exprimir su jugo.

2. **Pescado Graso**

Se sabe que los ácidos grasos Omega-3 contenidos en el pescado graso reducen la cantidad de beta-amiloide en el torrente sanguíneo. La beta-amiloide es una proteína que forma bultos en los vasos sanguíneos y el cerebro, causando así la enfermedad de Alzheimer. Los ácidos grasos omega-3 también ayudan a aumentar el flujo sanguíneo hacia el cerebro. Algunos de estos peces incluyen sardinas, atún, y salmón.

3. **Brócoli**

Los glucosinolatos contenidos en el brócoli son descompuestos por el cuerpo para formar isotiocianatos. Se sabe que estos isotiocianatos reducen la posibilidad de que ocurran enfermedades degenerativas en el cuerpo. El brócoli también es muy rico en flavonoides y vitamina C, que también son necesarios para la salud cerebral.

4. **Cúrcuma**

La curcumina contenida en la cúrcuma entra en el cerebro para beneficiar directamente a las células que se reproducen allí. La curcumina es un potente compuesto antioxidante y antiinflamatorio que beneficia al sistema de memoria del cerebro. Los estudios también han demostrado que ayuda a mejorar el estado de ánimo cuando se ingiere.

5. **Granos integrales**

Se sabe que los granos enteros contienen muchas vitaminas, lo que es muy importante para el desarrollo del cerebro y del sistema neurológico. Los granos integrales incluyen alimentos como la cebada, el arroz, la avena y la pasta integral. Algunos de ellos se pueden tomar como cereal temprano, o se pueden hervir y tomar con salsa. Todo queda en manos de tu imaginación culinaria.

6. **Col rizada**

La col rizada es otra verdura que contiene glucosinolatos y, al igual que el brócoli, también se sabe que ayuda a reducir la susceptibilidad del cuerpo a las enfermedades degenerativas y a mantener el cerebro sano y listo para funcionar.

7. **Té verde**

La cafeína, que es muy importante para la función cerebral, se puede encontrar en el té verde. Tomar té verde por la mañana puede ayudar a darle al cerebro una dosis de alerta, memoria y concentración. Otro nutriente esencial en el té verde es la L-teanina que es un aminoácido que promueve las actividades del neurotransmisor GABA. La L-teanina también puede ayudar al cerebro a relajarse ante una actividad estresante.

Capítulo seis: Derrotar los malos hábitos

A estas alturas, debes haber estado practicando los consejos dados en los capítulos cuatro y cinco acerca de la autodisciplina y la concentración. Sin embargo, se debe hacer un esfuerzo consciente para mantener lo que se ha aprendido. El aprendizaje profundo y sostenido requiere que el alumno comprenda la posición en la que está aprendiendo. Conocer su ritmo y la actitud involucrada es un buen punto de partida. No es suficiente adquirir nuevas habilidades, sino también identificar esos patrones de comportamiento negativos que arruinan tu productividad. Estos son reveses que han sido parte de tu vida. Pero ¿Qué pasa cuando descubres que las actitudes negativas que frustran tu proceso de aprendizaje son tus hábitos? Y estos hábitos, al momento en el que uno se da cuenta, han reducido el ritmo al que se alcanzas el nivel de productividad. Nuestra atención no se centra en cuándo comenzaron los malos hábitos, ya que algunos comenzaron los suyos a una edad muy temprana, mientras que otros los desarrollaron a medida que crecían hasta la edad adulta. Es bueno que se identifiquen y tus estadísticas deben haber resumido el efecto por tiempo, desde emocional, psicológico, de salud, etc.

Los malos hábitos tienen una forma de lidiar con uno. Algunos comienzan con nuestro ser interior. Procede a destruir nuestra propia imagen y autoestima mientras muchos otros reflexionan sobre nuestro nivel de productividad. Cualquiera que sea el efecto, puedes derrotarlo. Debes saber que el impacto adverso de estos malos hábitos puede ser tan peligroso que afectan tu salud y estado mental. Y un ser enfermo no puede rendir al máximo de sus capacidades.

12 malos hábitos que están matando tu productividad

1. Tratar de hacer todas las tareas

Los humanos no son robots. Y nadie espera que hagas todo. Incluso los robots están programados para un trabajo específico. Pero la mayoría de las veces, tiendes a sobrecargarte de trabajo probando cada tarea. Intentar algo nuevo no está mal, pero hacer todas las tareas es el problema. Tiendes a perder la concentración cuando haces eso. No podrás especializarte. Sería un error ver a un gerente de ventas realizando la tarea de un administrador de personal. Así como no puedes comer la comida de todos, tampoco puedes hacer todos los trabajos.

2. Dejar que las redes sociales te distraigan

Todo el mundo está entusiasmado con la nueva interfaz que viene con la última actualización, los filtros añadidos que embellecen la vista y la función de deslizamiento de una sola vez. Y como el trabajo ha ocupado el espacio de tus amigos más íntimos, es inevitable que consigas otro conocido que no se vaya pronto. Entonces pasas más tiempo con ellos hasta el punto de que se convierte en un hábito. Ese sentimiento de emoción que proviene de apegarse a sus amigos digitales en las diferentes plataformas de medios sociales; y las tendencias y actualizaciones siempre han sido un gran asesino para tu momento productivo.

3. Desorden

Es posible que no pienses en el desorden como algo importante hasta que te des cuenta de que no puedes conseguir lo que quieres sin buscarlo. ¿Por qué? Porque no está organizado como debiera. Un gabinete de oficina lleno de informes anticuados, periódicos y revistas puede perjudicar tu trabajo. Les muestra a tus colegas lo desorganizado que estás. Todas las oficinas tienen un sistema de archivamiento. Juntar un tipo de documento con otro desordena todo, y siempre tendrás que estar buscando lo que necesitas.

4. Falta de un plan

Despertarse en el día con la actitud mental correcta es bueno. Pero no tener la intención de cumplir el día no es algo bueno con lo que contar. Ceñirse al plan general o a un plan de "no plan" es un mal hábito que hay que eliminar. No puedes ir con la corriente cuando hay una meta que alcanzar. ¿Qué sucede si el plan general no es adecuado para tu tarea específica?

5. Piensa en el trabajo todo el tiempo

La principal pasión que alimenta tu trabajo es el amor que le tienes. Pero este amor no puede ser productivo si no está bien expresado. Pensar en el trabajo cada vez te mantiene preocupado. Tiendes a hacerte múltiples preguntas a la vez. ¿Qué debo hacer ahora? ¿Qué hay sobre el informe? ¿Cómo presento este papeleo? Y así sucesivamente. Entonces te distrae de crear tiempo para planear el trabajo. Lo que has estado haciendo es principalmente ansiedad.

6. Lo primero es lo último, lo último es lo primero.

Esta secuencia es una anulación total de la prioridad. Todo el mundo quiere algo, pero no todo el mundo ha sido capaz de determinar sus necesidades específicas en función de lo mucho que las necesita. Generalizar lo que necesita puede no ayudarte a hacer las cosas de manera diferente. Imagine dar demasiadas opciones cuando pueda estructurar sus necesidades en el orden de su importancia.

7. La tarea fácil primero, las difíciles después

La difícil tarea es técnicamente desafiante, y por eso se le llama así. La gente tiende a empujar la tarea más difícil hacia el futuro, mientras que éstas son las más importantes. Llegar a hacer el trabajo más sencillo primero, sin crear un plan estratégico sobre cómo resolver el más difícil, lleva la tarea a un punto muerto. Se vuelve más difícil cada vez que se le posterga. Posponer una tarea esencial para el futuro no te haría alcanzar tu objetivo. Incluso añade más presión al trabajo.

8. Quejas

Nuestro estado mental y psicológico en el lugar de trabajo podría verse afectado la mayoría de las veces, y es natural que los seres humanos se cansen. Y una actitud que refleja el cansancio es la expresión vocal que la acompaña. El murmullo y el soliloquio es un síntoma común. Las quejas provienen de un sentimiento negativo cuando no se logran los resultados correctos. Y los efectos de estos sentimientos resultan en una falta de voluntad para terminar la tarea.

9. El pedacito perfecto

La dedicación es un atributo que demuestra que tú valoras tu trabajo. Este catalizador a veces puede implicar añadir especias a la parte que constituye la perfección. La perfección es lo que define nuestra excelencia. Pero sería molestoso cuando condimentamos todos los trozos. Y los pedazos en sí mismos no son importantes para el resultado deseado. ¿Qué pasa si nos quedamos atascados? Nos frustramos, ¿verdad? Luego, el estrés aparece.

10. Negatividad

La negatividad es más una cosa de la mente que una cosa física, cuyo resultado se evalúa visiblemente. Todo comienza con la mentalidad equivocada de tener progresivamente un mal resultado. La mayoría de las veces no aparece porque alguien lo inspiró. Aparece como un recordatorio en tu mente. Te permite culparte, menospreciarte. Entonces se llega a la conclusión de que no se está en condiciones de alcanzar el objetivo o de hacer algo extraordinario. Lo que sucede es que el resultado de la productividad se reduce.

11. Indecisión

Muchas veces, nos enfrentamos a una gran decisión que tomar. Estas son opciones que determinan el progreso de nuestro éxito o un éxito totalmente intencionado. Podría incluso ser una preocupación que proviene del mundo exterior, pero que afecta a nuestro entorno inmediato. Un buen ejemplo es cuando se enfrenta a la decisión de ejecutar un proyecto con un puñado de clientes. Aquellos que tienen diferentes variables como tecnicidad, velocidad, experiencia, conocimientos, etc. Pero nadie quiere cometer el error de elegir el equivocado. Sin embargo, no hacer uno en absoluto no completaría la tarea. Su indecisión incluso prolonga la fecha de finalización.

12.   Poco tiempo para descansar

Se cree que una siesta energética reaviva la energía y te prepara para comenzar una excelente tarea. Entonces, ¿Qué pasa si todo lo que te queda después de un día agitado es un poco de tiempo para descansar? La mayoría de las veces, el trabajo de oficina se toma en casa como horas extras. Pero tendemos a no lograr el mejor trabajo porque nuestro sistema corporal no ha sido revitalizado. Esta rutina es un hábito desagradable que necesita una segunda reflexión.

6 maneras de eliminar inmediatamente los malos hábitos

Eliminar los malos hábitos es una gran decisión para tomar. Algunos, con el tiempo, han optado por ignorar sus malos hábitos porque lo consideran una forma de vida adecuada. Otros han encontrado medidas para gestionarlos. De cualquier manera, la vida puede ser vivida al máximo cuando estás seguro de que ninguna actitud negativa te está consumiendo. Entiéndase que es muy posible eliminar los malos hábitos, y que se necesita estar preparado para hacerlo. Lo siguiente puede ser empleado como una guía para ayudarte.

1.   Preparándose

Una gran manera de comenzar una tarea es cuando eres plenamente consciente de la tarea en cuestión. Lo mismo sucede con la eliminación de los malos hábitos. Prepárate para esta tarea. Prepárate significa decir: "Estoy listo para esto, y no hay mejor momento que ahora". Llega a la plena comprensión de que se ha propuesto para hacer lo mejor. Deja que empiece desde dentro de ti. Al igual que cuando se inclina a pensar de otra manera, alinéate con esta nueva mentalidad de "Este es el momento perfecto para eliminar esos malos hábitos, y estoy mejorando". Podrás estar tentado a sopesar tus opciones. No le des una oportunidad. Pon todo en su lugar para que se ponga en marcha.

- **Pensar de forma diferente**

Los seres humanos se sienten naturalmente cómodos cuando las cosas son fáciles. Y para ti, los malos hábitos deben haberte dado un poco de consuelo. Ya es hora de pensar de otra manera sobre toda la situación. Ten la mentalidad de que estás luchando una batalla con tus malos hábitos. Piensa en ti mismo como el soldado que está equipado con la armería moderna y tus malos hábitos sólo tienen armas de la edad de piedra. Sólo con esta mentalidad, ya te has colocado en una posición de victoria. Todas las demás medidas que se tomen no se considerarán graves.

- **Intencionalidad**

Es necesario afirmar una actitud deliberada en este sentido. Necesitas estar de pie para este nuevo movimiento a pesar de cualquier reto que pueda acompañar este ejercicio. Activar el poder de la mente para lograr el gran resultado de derrotar esos malos hábitos.

2. **El enfoque del caracol**

Si hay algo por lo que el caracol es conocido, es por su lentitud en el movimiento. Nadie te está sugiriendo que consigas un caracol (puedes hacerlo si quieres). Pero el enfoque del caracol trae consigo un entendimiento de que hay que empezar de a poco. Y empezar de a poco a veces puede parecer lento. Comprende que tu nuevo hábito no vendrá como un "big bang" sino en un estado estable. Tu objetivo en este nivel es el progreso. Asegúrate de que estás haciendo algo diferente respecto al viejo hábito. No hay necesidad de apresurarse.

3. **Identificar el por qué**

Puede que no hayas pensado en por qué haces las cosas que haces, quizás sólo porque se ha convertido en una parte de ti. Identifica las cosas que te motivan a hacer lo que haces. Tal vez pienses demasiado en tu trabajo cada vez que recibes un nuevo correo o te quedas activamente en las redes sociales cada vez que tienes una disputa con tu amigo. Simplemente identifica las causas detrás de esos malos hábitos y ya habrá comenzado el proceso de eliminación.

- **Evaluar**

Una evaluación sincera de tu comportamiento negativo es necesaria en esta etapa. Sinceramente compara las consecuencias de estas conductas con las correctas. Estarás de acuerdo en que el lado positivo supera por mucho al negativo. No te crucifiques cuando tengas un revés. Es una expectativa que es probable que ocurra. Asegúrate de volver a hacerlo pero de la forma correcta.

4. **Crear recordatorios**

Uno de los primeros impulsos que respaldan nuestro compromiso es cuando se nos recuerda constantemente. Necesitas que te recuerden que quieres eliminar estos malos hábitos. No sólo te ayudará en el presente, sino que también crearás una atmósfera para un gran futuro.

- **Recordatorios digitales**

Realizar un recordatorio puede funcionar bien con la mayoría de los dispositivos móviles. Puedes buscar aplicaciones que creen una lista de tareas pendientes, busca las opciones y activa la función de alarma. Crea una palabra o frase que continuamente te recuerde el hábito que deseas eliminar. Es bastante evidente que, a estas alturas, ya debes haber identificado la causa o los desencadenantes de tu mal hábito. Si el tuyo es estar en las redes sociales a menudo, tal vez quieras decir: "es hora de dormir". O si te gusta la negatividad, puedes tener esto: "Mi patrón de pensamiento negativo no me ayudará, merezco la felicidad, y eso es lo que funcionará para mí." Asegúrate de poner la alarma al menos 10 minutos antes del comienzo de los extremos. Sabrás cuándo estás a punto de llegar allí. Esta estrategia bien estructurada creará suficiente tiempo para que adaptes de forma eficaz.

- **Libro de registro**

Escribir las cosas tú mismo te dará la sensación de personalizar tu objetivo. Obtén un libro de registro en la librería o crea uno para ti. Divide la página en dos verticalmente. Empiece escribiendo tus terribles hábitos en el primer lado. Agrega recordatorios de lo que debe hacer (o no hacer) en el otro lado. Esta idea imita al recordatorio digital. Podrías analizar tu progreso marcando el hábito que se te recuerda constantemente.

- **Amigos**

Podrías considerar contarle a tu amigo acerca de este cambio. Siempre hay un amigo que nos impulsa hasta que una tarea se hace con éxito. Incluso puede que se le ocurran mejores sugerencias o planes. Esta acción te dará un sentido de responsabilidad. Asegúrate de informar a tu amigo para que te entregue un informe de progreso, o podrías pensar en una guía tú mismo. No querría que te ridiculizaran con un fracaso. ¡Otra vez no!

- **Pegatinas**

Escribe palabras o frases cortas en las etiquetas y ponlas a tu alrededor. Una pequeña nota adhesiva esparcida a su alrededor le servirá como un recordatorio perfecto de lo que necesitas hacer. Asegúrate de colocarlo en el lugar donde se desencadena el mal hábito. Puede estar en su oficina, en tu calendario, en tu bloc de notas, en la pared e incluso en tu automóvil.

5. **Cambia tu entorno**

Visitar un lugar en particular puede ser el desencadenante de uno de tus malos hábitos. Tiendes a beber más botellas de cerveza cada vez que sales con amigos en el bar del centro de la ciudad. Considere ir a otro bar, diferente al que frecuenta, esta vez solo. Crea una nueva atmósfera para ti. A veces, la sensación de un lugar que visitas continuamente te empuja a reaccionar negativamente.

- **Recompensar cada hábito roto**

Un "hábito derrotado" aquí significa que tú has sido capaz de detener esa mala práctica con éxito. Ya no se te ve haciéndolo. Motiva tu progreso hacia la positividad recompensándote. Todo el mundo necesita aliento. Y este sistema de recompensa puede ser la única cosa que te mantendrá en marcha hasta que alcances el máximo éxito.

- **Sustituir**

Una manera significativa de recompensarse es buscar un hábito positivo que sustituya al mal hábito. Un hábito es parte de tu vida. Al igual que en el fútbol, el jugador menos eficaz es reemplazado; pero en casos urgentes, es inevitable una necesidad extrema de cambiar el jugador en forma cuando la estrategia no parece funcionar. Es lo mismo aquí. Cambiar el hábito menos productivo para tener una vida más productiva.

También estarás de acuerdo en que esos malos hábitos vienen con la finalización de los mismo. La mayoría de las veces está ahí para satisfacer una necesidad que puede venir como resultado de la depresión, la tristeza, el rechazo, el fracaso, el aburrimiento, etc. Si esas necesidades no se satisfacen con otra cosa, entonces existe un área gris.

- **Elaborar un plan y una estrategia**

Debes saber qué hacer cuando los desencadenantes aparecen inmediatamente. Trabaja con la estrategia del sistema de recompensas cada vez que reemplaces tu mal hábito con un patrón positivo. No le des espacio a la soledad. La soledad en este sentido significa insatisfacción en sus expectativas. No esperes estar en ese inconveniente otra vez. Esta práctica le resultará más cómoda cuando evite los factores desencadenantes.

- **Mirar hacia el futuro**

El futuro que estás buscando es la realidad de otra persona, y algunas personas están haciendo lo que tú quieres lograr ahora. ¿Por qué no acercarse a ellos y hacer nuevos amigos? Si restringirte de tus viejos amigos te dará suficiente tiempo para romper con tus malos hábitos. Tienes que intentarlo.

6.   Busque apoyo profesional

Si aún te sigue resultando difícil adoptar una actitud positiva hacia el esfuerzo de ayudarte a ti mismo, considera la posibilidad de ver a un profesional. El psicólogo puede ayudar a identificar patrones psicológicos, emocionales y de comportamiento que desencadenan malos hábitos. El psicólogo se asegurará de tu progreso y puede ser valorado.

6 maneras de crear grandes hábitos permanentes

Tal vez te hayas preguntado por qué tus planes no están funcionando como esperabas. Puede que haya funcionado durante algún tiempo, pero parece soso y no parece funcionar. Puede que te hayas dicho a ti mismo que dejes de estar 8 horas al día en Internet sin aprender algo nuevo, pero parece que no funciona. No te preocupes. Date cuenta de que este un juego diferente para ti. No es el juego de azar, sino el de un compromiso total. Asegúrate de haber sido capaz de descubrir qué es lo que desencadena tus malos hábitos y los patrones extraños que hay detrás de ellos. Puede que necesites analizar tu búsqueda y el sacrificio que hay detrás de ella. "¿Qué quiero cambiar y cuánto quiero que cambie mi vida?" Ten un análisis de lo que hará más y de lo que se hará menos. Dile a tu interior la verdad que necesita ser dicha. Esto es lo que esperas del futuro de la positividad. Esta es una manera segura de empezar.

1. Concéntrese en un hábito a la vez

Dado que tus hábitos no comenzaron todos a la vez, necesitas saber que cambiarlos tampoco será todo a la vez, tanto como quisieras que sea. Trata de abordar un hábito a la vez. Si tu enfoque es detener la actitud negativa hacia la ejecución de proyectos, enfréntela. No combines muchas cosas. Es incluso una actitud poco saludable tratar de hacer muchas cosas juntas.

Comienza con el hábito con el que se sienta más incómodo. No tengas prisa. El progreso es lo que buscas. Una vez que sepas el curso que estás siguiendo, llegar allí no será un problema.

2. Haga preguntas

No actúes como si fueras un profesional aquí. Hay tantas cosas que pasarán por tu mente. ¡Pregunta! Podría estar preguntándose cómo sobreviviría la noche sin exceso de alcohol. Pregunte: "¿Y si sobreviviera las primeras cuatro horas?" Hacer preguntas no debe limitarse a ti. La asistencia de un terapeuta o psicólogo puede ser de ayuda. También puede serte útil cuando te hagas preguntas a alguien que se ha adherido al nuevo hábito que está a punto de aprender.

Tu curiosidad también podría querer saber cuándo podrá adaptarse al nuevo hábito. ¡Pregunta! De esta manera, puedes decidirte ya que sabes el "cuándo", el "cómo" y el "por qué".

3. Comience con una fecha límite

Hemos establecido que no hay necesidad de apresurarse en apegarse a hábitos positivos. Pero puedes empezar de a poco y a tu propio ritmo. Date una fecha límite para probar el primer hábito. Digamos que durante veinte días. Así que, durante los próximos veinte días, no harás ese hábito específico con el que has decidido empezar. Y por supuesto, lo reemplazarías por el positivo. Puedes controlar tu progreso con los dedos. Tus uñas pueden representar los primeros diez días. Obtén una pegatina de uñas con diseño y ponla en tus uñas diariamente después de haber logrado mantener el hábito positivo. Después de haber utilizado la pegatina durante los primeros diez días, empiece a quitarla diariamente hasta el final de los diez días siguientes. Este plan de acción te dará una sensación de control. Habrá podido personalizar este ejercicio y al mismo tiempo darle una fecha límite.

4. Celebre tu progreso

Has comenzado con un modelo de "gran cheque" "menos trabajo". El cheque grande representa el hábito al que aspiras, mientras que menos trabajo es su esfuerzo por mejorar las cosas. Ten en cuenta que tu meta es grande pero alcanzable. Alcanzar tu objetivo progresivamente muestra que te has movido del reino de la fantasía a la realidad. Entonces, ¿Por qué no celebrar cada propósito que consigues? Aumente tu motivación celebrando cada progreso. Esto te dice que puedes hacer más y mejor.

5. Quédate con la melodía

El ritmo del nuevo hábito ha estado en el aire durante algún tiempo. Asegúrate de seguir bailando la canción. Ninguna otra canción debería persuadirte. Tienes que ser consistente. Puede que no quieras cambiar tu rutina. Trata de construir tu hábito de acuerdo con tu método. Todo lo que necesitas hacer es poner en marcha la nueva iniciativa. Podrías estar pensando en despejar tu guardarropa. Podría hacer esto de manera efectiva en el momento en que desees vestirte. Sólo tienes que elegir tu vestido preferido y usar la otra mano para arreglar los otros trajes. Recuerde, empiece de a poco para que no te sientas abrumado.

6.   No des demasiadas opciones.
Es necesario ser específico en las estrategias para mantener tu nuevo hábito. Una vez que decidas cómo quieres hacerlo, sigue el plan. En el momento en que empiezas a comparar muchas opciones, la duda puede aparecer. Podrías incluso confundirte y desanimarte. Has decidido reducir tu consumo de alcohol tomando un limón entero después de un vaso de cerveza. ¡Bien! Apégate a ello. Hay muchas otras decisiones importantes que tomar para comenzar a entrar en conflicto con las que ya has tomado.

Capítulo siete: Domando la mente

La mente humana es naturalmente salvaje y siempre necesita una aventura. Debido a esto, es necesario que aprendas a domar la mente y hacer que funcione a tu favor. Esto le ayudará a trabajar a tu favor y te proporcionará mucha positividad. Uno de los maestros y psicólogos más sabios de todos los tiempos, Buda, describió la mente humana como un mono que siempre está saltando por ahí chillando y parloteando sin parar. Todos tenemos mentes que nunca quieren descansar, siempre necesitan algo más. Así como un mono siempre necesita atención, la mente humana siempre quiere que pongas todo tu enfoque en él. La mente alcanza sus objetivos de diferentes maneras, de forma sobresaliente, por consideraciones negativas, por ansiedad y por miedo.

Debido a la presencia de esta mente de mono, ahora se nos ha hecho más difícil vivir en el presente. La mayor parte de nuestro tiempo como humanos lo pasamos arrepintiéndonos del pasado o viviendo con miedo al futuro. Pronto descubres que te has vuelto infeliz, triste, naturalmente enojado e inquieto. Es hora de calmarse y domar al mono en la mente. Después de todo, es tu mente, y deberías hacer uso de ella como si realmente la poseyeras. Algunos beneficios simples de domar tu mente incluyen:

- Claridad de mente
- Plena felicidad
- Dormir mejor
- Enfoque y concentración
- etc.

Todos estos son beneficios muy excelentes, y no debes dudar en abrazarlos en tu vida. Pero hay algunos pequeños pasos que te mostraré para ayudarte a realizar plenamente este sueño.

12 consejos indispensables para dejar de pensar demasiado y controlar tu mente

Puede sonar extraño para ti, pero la verdad es que probablemente seas adicto al pensamiento. Puede que nunca hayas empezado a considerarlo, pero la mayoría de nosotros pasamos mucho tiempo pensando y trabajando demasiado nuestras mentes. Pensamos en qué comer para cenar, qué temporada ver en Netflix, por qué el clima mundial está cambiando tan severamente. Pensamos en prácticamente todo. Si bien el pensamiento es una aventura excelente y necesaria, a veces puede atascar la mente cuando se vuelve demasiado. La mayoría de las veces, nunca sabemos que ya es demasiado, y ahí es donde reside el problema. Pensar tanto en tu mente puede convertirse en un ligero trastorno y llevarte a una ansiedad abrumadora. Tu mente permanece estresada, y la paz comienza a eludirte. Practica esto y elabora tu testimonio:

1. **Estudia tu mente y encuentra las cosas que te causan estrés y ansiedad**

Hay diferentes razones para que diferentes personas piensen demasiado. Para algunos, podría ser inestabilidad financiera; para otros, razones de seguridad; y para otros, podría ser una enfermedad terminal. Necesitarás encontrar tus motivos. Hazte las preguntas necesarias de por qué piensas demasiado, y las veces en las que sea probable que pienses demasiado. Toma nota de las cosas importantes en las que piensas y del patrón en el que se forman todos esos pensamientos. Si esto se hace con diligencia, sut notas te ayudarán a entender algunas de las principales razones por las que actualmente estás pensando demasiado.

2. Considera las cosas que te hacen pensar demasiado

La pregunta aquí es, ¿Qué tan importantes son esas cosas que te hacen pensar demasiado? ¿De qué te servirán en tu vida si sigues preocupándote por ellos? ¿Importará dentro de cuatro años o incluso cuatro meses? Si la respuesta es no, deberías olvidarte de ello. Tu mente está simplemente jugando tristes trucos contigo, y tú tienes que ser el jefe aquí. Si no son importantes, entonces debes dejar de pensar en ello y enfocar tu tiempo en cosas más importantes.

3. Tomar decisiones rápidas

Aprende a tomar una decisión rápida y termina el proceso. Si eres el tipo de persona que puede tomar horas tratando de averiguar qué comer en el almuerzo, entonces esto es para ti. Debe haber un marco de tiempo para la toma de decisiones en tu vida. Si te vas de vacaciones, investigue y establezca el destino en una semana. No permitas que se prolongue y se convierta en un problema para ti.

4. Empieza el día con una nota apropiada

Ya lo he mencionado antes: las malas mañanas probablemente conducirán a un mal día. Toma el control de tu día desde la mañana y comienza a eliminar cualquier pensamiento estresante que haga que quieras levantar la cabeza. Puedes hacer esto leyendo algo que elevará tu espíritu cada mañana, o puedes practicar la meditación para calmar tu mente.

5. Comprender que pensar demasiado es malo para la salud mental

Pensar demasiado te quita todo el tiempo y la energía que deberías haber usado para algo más importante. Te deja exhausto e incapaz de lograr resultados tangibles. Al hacer algunas de estas cosas con tu salud mental, te vuelve susceptible a la ansiedad y la depresión, que son algunos de los principales desencadenantes de los suicidios y pensamientos suicidas.

6. No te emociones demasiado.

Por supuesto, la gente también piensa demasiado en los pensamientos positivos. Por ejemplo, Tú acabas de realizar una breve encuesta sobre la proyección de los beneficios de tu empresa y has visto que podría enriquecerte con miles de dólares antes de que finalice el año. Comienzas a imaginarte todas las cosas que podrías hacer con el dinero, la buena vida que finalmente puedes tener y las cosas de las que finalmente puedes deshacerte. Estos pensamientos te consumirán con una excitación sin fundamento hasta el punto de que podrías olvidarte de las ideas y continuar pensar en ellas una y otra vez, disfrutando de la belleza que imaginas para ti mismo.

7. Documenta tus pensamientos

Saca esos pensamientos de tu cabeza y ponlos en un papel. A veces ayuda. Puedes poner un bloc de notas cerca de tu cama y anotar los pensamientos que te viene cada vez que estás a punto de dormir. Una vez que ha sido sacrificado, el cerebro se verá obligado a soltarlo y a liberarte.

8. Adoptar un estilo de vida más despreocupado

A veces es mejor no preocuparse. Claro, hay muchas cosas que deberían molestarte, pero pregúntate cuántas veces el pensar en una situación ha ayudado a esa situación. Las posibilidades son de una en un millón. Así que a veces es mejor que te olvides de todo y vivas como un rey. Distráete de tus pensamientos y trata de practicar la felicidad más a menudo.

9. **Ocúpate**

La mente rara vez tiene tiempo para pensar cuando estás ocupado. Aunque todavía puede suceder, eso sólo vendrá como una forma de distracción que te he enseñado a superar. Una de las principales causas de pensar demasiado es una mente improductiva. Las personas que se mantienen ocupadas casi nunca tienen tiempo suficiente para permitir que su mente se desvíe hacia pensamientos infundados.

10. **Darse cuenta de que no se puede controlar todo**

Hay cosas que puedes controlar, y hay otras que simplemente están fuera de tu control. Tienes un viaje mañana, y el tiempo pronostica que será un día lluvioso. No hay necesidad de estresarse por ello. Cancele el viaje si es necesario y tenga tranquilidad.

11. **Libera tu entorno de pensadores excesivos**

Su entorno puede jugar un papel importante en el desencadenamiento del pensamiento excesivo. No se limita a las personas cercanas a ti. Se extiende a las cosas que lees, los podcasts que escuchas, las tendencias que sigues, etc. Retira todo esto de su entorno inmediato.

12. **Vivir en el presente (no en el pasado ni en el futuro)**

Las únicas cosas que deberían molestarte son las que están sucediendo actualmente en tu vida. Si estás en la universidad, concéntrate en tus estudios y saca buenas notas. Prepárate para el futuro y deje de preocuparte por ello. Si fuiste abusado cuando eras niño, encuentre una manera de perdonar y seguir adelante con tu vida. Puede ser difícil, pero recuerda, es todo para ti.

7 técnicas para vencer el miedo al fracaso

Es natural temer el fracaso. El fracaso nunca es algo con lo que uno quisiera estar asociado, y por eso los humanos tiemblan al verlo. Una vez que salimos de nuestra zona de comodidad, comenzamos a sentir que las cosas probablemente pueden salir mal. Y la verdad es que la picadura del fracaso es dolorosa y puede dejarte con una marca por el resto de tu vida, excepto si eres una persona que se cura rápidamente y sigue adelante. Entienda que tus fracasos son siempre un trampolín para tu éxito. Puede que se te esté acabando el tiempo, pero esa es razón suficiente por la que deberías acabar con el miedo al fracaso y, en su lugar, calmarte. Sin oscuridad, nunca entenderás la luz. Sin frío, nunca apreciarás el calor. Sin fracaso, nunca entenderás la verdadera esencia del éxito. Por lo tanto, no hay necesidad de temer el fracaso per se. Pero vencer el miedo al fracaso no es tan fácil. Necesita entender y poner algunas cosas en su lugar para ganar completamente la ventaja. Algunos de estos incluyen:

1. **Comprende que fallar no significa que eres un fracaso**

Mucha gente ha fracasado muchas veces, pero hoy no los vemos como fracasados. Los ejemplos son numerosos.

- Nadie sabe cuántas veces lo intentó Edison hasta que finalmente pudo inventar la bombilla incandescente. Pero se cree que fue más de cien veces.
- Un editor le dijo una vez a Walt Disney que sus animaciones carecían de imaginación. Hoy en día, la compañía Walt Disney tiene más de cincuenta películas de animación de gran éxito en su haber.
- La serie de Harry Potter de J.K. Rowling fue rechazada más de diez veces por diferentes editores hasta que la suerte la encontró. Hoy en día es la autora más rica del mundo.

Hay más ejemplos, pero la conclusión es que el fracaso nunca es un punto final, excepto si tú has decidido que se convierta en tu punto final.

2. **Aprende de tus fracasos**

No importa cuán negativa sea la experiencia, siempre hay algo positivo que aprender de ella. Sólo un tonto comete el mismo error dos veces. Evalúa todos nuestros fracasos y selecciona los beneficios. Están allí, sólo tienes que mirar más profundamente para verlos. Una manera de ayudarte es empezar a escribir todas las empresas en las que has fallado y escribir las cosas que has aprendido al fallar en ellas.

3. **Ver cualquier visión de fracaso como un reto para intensificar tu juego**

Si crees que puedes fracasar, acepta el desafío y prepárate para no fracasar. Ese es el único camino hacia el éxito. De hecho, sólo un puñado de personas están totalmente seguras del éxito cuando comenzaron una empresa. La mayoría de las veces, eran bastante pesimistas, pero se esforzaban al máximo y esperaban tener éxito. El éxito difícilmente elude a la gente así, excepto si se cometió un error en alguna parte.

4. **Mantente optimista y visualiza el éxito**

Aleja la idea de fracaso de tu mente y mantente positivo. La idea de fracasar seguramente vendrá, ¿pero qué pasa si tienes éxito? Hay dos caras en la moneda, y ninguna de ellas debe ser descuidada al lanzarla. Si una de cada cien empresas nuevas en nuestra comunidad sobrevive más de cinco años, entonces podría ser su empresa nueva. Si sólo una persona tiene éxito, entonces podrías ser tú.

5. **Entiende que el miedo al fracaso no te convierte en un éxito.**

No importa lo mucho que pienses acerca de no lograr nada debido al fracaso, el éxito nunca te compadecerá y vendrá a tu rescate. ¿Crees que el miedo al fracaso es una pesada carga? Pruebe la carga del arrepentimiento y verás hasta dónde lo llevarás. No hay nada más doloroso que ver a alguien lograr las cosas que siempre quisiste lograr, sólo porque permitiste que el miedo al fracaso te frenara. Olvídate del fracaso y toma acción para lograrlo.

6. Se amable contigo

Si alguna vez has experimentado el fracaso, es hora de superarlo. Aprende de tus fracasos y supéralos. Tu mente podría querer seguir recordándote lo malo que eres, diciéndote que nunca serás bueno en nada. En su lugar, sea amable con contigo. Si cometiste un error en el pasado, prométete que no volverás a caer en lo mismo. Entonces sigue adelante. Nadie nunca está por encima de los errores.

7. Evitar el perfeccionismo

Nada en el mundo es perfecto. Cada cosa bella en el mundo está atada con uno u otro defecto. Reconoce que nada de lo que hagas será perfecto, así que sigue adelante y empieza algo. Completa la tarea con los errores y luego tómate el tiempo para corregirlos. Completar el proyecto en sí mismo es un gran paso, y esto te dará el impulso de continuar.

6 secretos para crear una mentalidad de éxito

Nunca puede haber éxito sin una mentalidad de éxito. Esos dos van juntos como el humo y el fuego. Nunca puede haber uno sin el otro. Piensa en la mayoría de las personas exitosas que conoces. La posibilidad de que hayan tenido éxito por error es muy pequeña. Muchas veces, las personas que tienen una mentalidad de fracaso siempre terminan en fracaso, porque casi nunca identifican las oportunidades cuando las encuentran. Una mentalidad de fracaso siempre resultará en tu contra. No importa cuánto lo intentes, no importa todo el trabajo duro que pongas en marcha, una mentalidad de fracaso siempre producirá fracaso. Un factor importante que diferencia a los grandes triunfadores de los fracasados es la manera en que piensan, el contenido de sus mentes. Por lo tanto, para crear el éxito que necesitas, debes preparar tu mente para ello. Una mentalidad de fracaso siempre se sorprenderá cuando el éxito sea finalmente alcanzado, pero una mentalidad de éxito verá que el éxito viene de una milla de distancia.

Estos secretos te ayudarán a desarrollar la mentalidad perfecta que se acomodará al éxito:

1. Alcanzar un pequeño objetivo a la vez

Cuando miras a tu único gran sueño, el tamaño de este puede asustarte para que pienses que puedes fracasar a largo plazo. Recuerda que la gran imagen del éxito no aparece al chasquido de un dedo. Roma no se construyó en un día. Fue construido de piedra en piedra. ¿Cuáles son las piedras que construirán tu futuro? Empieza a ponerlas, una piedra a la vez. Si quieres ganar el Premio Nobel de Física, entonces, primero debes tener un título universitario en Física. Quieres convertirte en un ganador del Premio Pulitzer de Ficción; entonces, debes empezar a escribir tu novela ahora. Estos pequeños objetivos se convertirán en una gran montaña de éxito.

2. Hazte cargo de tu mente

Hemos tocado poco sobre esto en el capítulo 7 (domar la mente). Es más fácil para la mente visualizar el fracaso que el éxito. Cierra los ojos e imagina un terreno llano, un desierto sin ninguna forma de vida. ¿Ves lo fácil que es hacerlo? Ahora cierra los ojos e imagina ese desierto con rascacielos, con gente de todas las razas comprometida en el comercio. Imagina que este desierto contiene el edificio más alto del mundo. Ves lo difícil que es para tu mente crear una imagen de riqueza y abundancia. Si tuviste éxito, debe haberte tomado un gran esfuerzo para hacerlo. Este es el tipo de esfuerzo que se requiere para ver tu vida como un éxito.

3. Sé flexible y listo para modificar tus planes

No existe un plan determinado para el éxito. Las cosas pueden salir mal y mostrarte las fallas en tus planes. En este punto, lo mejor que puedes hacer es mantener tu mente lista para un cambio. Es posible que no logres todas las metas que asignaste a un plan, y eso está bien.

Todo lo que tienes que hacer es asegurarte que tu mente esté siempre lista para un cambio de plan.

4. **Eres tu mayor competencia**

Siempre esfuérzate por adelantarte a ti mismo. Conoce tu destino y averigua qué tan rápido debes moveré, luego, muévete a ese ritmo. Compararte con los logros de otros puede dejarte con consecuencias perjudiciales. Puedes admirar a las personas que se han adelantado a ti y admirar su estilo de vida. Aprende de ellos y sigue tratando de desarrollarte.

5. **Encuentre un mentor (alguien que lo mantenga motivado)**

Un mentor es alguien que actúa como un padre para ti o un maestro en cualquier campo o actividad que puedas encontrar. Ponte en posiciones en las que pueda conocer a los mejores de los mejores en su campo. Luego construye relaciones fuertes con ellos que se convertirán en un mentor. Un mentor será alguien a quien puedes reportar fácilmente si cometer un error. Un mentor te regañará y te aconsejará cuando sea necesario. Y saber que tienes a alguien a quien siempre puedes admirar te proporcionará la dosis necesaria de mentalidad de éxito para mantenerte en marcha.

6. **Habla contigo mismo**

El mejor consejo que puedes recibir es el que te das a ti mismo. Siéntate y habla contigo. Haz todas las preguntas necesarias y trata de averiguar por qué las cosas están saliendo como se supone que deben salir. La clave aquí es que tienes que ser sincero contigo mismo. Tómate tu tiempo y anímate. Date recompensas. Apreciarte a ti mismo. Menciónate que tienes que trabajar más duro y lograr mejores resultados. Éstos te impulsarán continuamente a lograr más en cualquier momento dado.

Capítulo 8: Planificando para tu éxito

El público en general no tiene la misma definición de éxito, pero desde un punto de vista amplio, hacer las cosas bien en el curso de la acción puede calificarse como éxito. Algunos son de la escuela de pensamiento de que el éxito tiene el resultado correcto de una decisión; un resultado soberbio después de que se cumple una intención. Sin importar cómo definas una vida exitosa, asegúrate de que algunos elementos deben ser vistos en ella. Algunos de elementos son la dedicación, el establecimiento de metas, la motivación y la resolución de problemas. Ninguno de estos rasgos se encontrará en el camino hacia la realización si no entiendes la intención detrás del éxito.

Entender tu intención te da un sentido de dirección. Ahora tienes una herramienta de decisión con la que trabajar. Podrías predecir de dónde vienes a tu destino. Te preguntarás: "¿Qué me empuja a fijar esos objetivos inalcanzables? ¿Por qué preveo volverme musculoso? "Tal vez me topé con él", puede que respondas. Hazte muchas de estas preguntas. Comprende lo que te impulsa. Desde aquí, la energía para seguir avanzando hacia el duro camino del logro se alimenta continuamente. Es posible que no necesites que otra persona te aliente a cumplirlo. Tú tu impulso interior serán suficiente motivación para ponerse en marcha.

Bueno, el éxito es intencional, y podrías prepararte para ello. Eso es lo que este capítulo promete mostrar.

6 técnicas para tener éxito en establecer tus metas

1. Mira los pájaros ante el cielo

No me malinterpretes. Vivimos en un mundo sin limitaciones, y todo es posible. Pero necesitas ver las cosas que están más cerca de ti primero antes de que puedas alcanzar las cosas más lejanas. Busca una meta que puedas alcanzar fácilmente. Ninguna regla dice que debes empezar de una manera difícil. Y no tienes que complicarte cuando planifiques tus metas. Consigue los pequeños objetivos que puedas ahora, y la motivación te mantendrá inspirado para los más grandes.

2. Amplía tu horizonte

Haz que tu imaginación funcione. Mírate más allá del nivel actual en el que te encuentras ahora. Hasta que tu ser interior esté motivado para alcanzar la grandeza, será difícil, si no imposible, el llegar lejos. Acceda a tanta información como sea posible para alcanzar tus objetivos. Una mejor manera de trazar un plan es cuando se añade vitalidad al objetivo específico.

3. Admite tus contratiempos

La búsqueda de la perfección viene con mucha experiencia. No tendrías experiencia de una sola vez en un día. Lo que tú llamas fracaso constante es lo que te pone en la cima. Para que tú puedas avanzar en el cumplimiento de tus metas, acepta en todo momento tus fracasos. Reconocer las fallas te permite revisar tus acciones así como encontrar soluciones para las mismas.

4. Míralo de diferente forma

No hay motivo para andar con rodeos cuando la solución parece estar lejos. No seas demasiado complaciente con el logro de tus metas. Si estás atascado en un extremo, piensa en otras maneras de hacerlo. ¡Sé flexible! A veces, tu fecha límite puede haber excedido más allá de toda duda razonable. Ponte en marcha. Recuerde que lo que quieres lograr es posible. Si tu meta es estudiar cinco capítulos de un libro en cinco días, y al final del sexto día, todavía estás en el capítulo cuatro. No te desanimes y no te sienta mal por no cumplir con tu objetivo. Retoma el capítulo para el día siguiente. Asegúrate de revisar la causa del retraso y sigue adelante.

5. Estar orientado a los resultados

Lo que debería impulsarte es el éxito detrás de la meta. Probablemente enfrentarás distracciones. Pueden provenir de tu lugar de trabajo, de tu entorno o de tus amigos. Sea lo que sea, no debe detenerte de lo que te has propuesto lograr. Piensa y posiciona tu cerebro para la positividad. Vea cada desafío como una forma de mejorar. Visualiza tus resultados incluso antes de alcanzarlos. Crea una memoria de sonido para ti. Toma fotos de lo que usted etiqueta como un éxito. Cuélgalo a tu alrededor, y deja que te anime de vez en cuando. No sólo aumentará tu estado de alerta, sino que también hará que el viaje hacia el logro sea divertido.

6. No te distraigas.

Cuando se trata de prioridades, las metas no son semillas de diferentes frutos en una canasta. Deben ser vistos como los frutos de una semilla. Da preferencia a lo que se quiere lograr, y permite que esto dé lugar a otros objetivos. Este enfoque asegura que estés en el camino correcto para asegurar la productividad. Una gran distracción que no verás venir es cuando estés tratando de hacer muchas cosas a la vez.

5 consejos poco conocidos de expertos para establcer metas

Buscar un vaso de agua parece a veces más relajado que fijarse una meta. Pero puede parecer tan difícil después de escribir sus objetivos, y no alcanzarlos. Puede ser una meta a largo plazo o a corto plazo. Los tuyos pueden ir desde una carrera hasta metas en la vida. De todos modos, la frustración puede aparecer cuando ninguna de ellas parece alcanzable. Los siguientes consejos le guiarán para tener éxito en el establecimiento de metas.

1. **Entiéndase a sí mismo**

Sócrates enfatizó el tema del "autoconocimiento". Él creía que nadie podía ser ayudado sin autoidentificarse. Sin embargo, las grandes mejoras en ciencia y tecnología han dado muchas respuestas a estas preocupantes preguntas. Sin embargo, la sabiduría detrás de conocer el tipo de ser humano que eres es esencial. Es un factor que hay que tener en cuenta para tener éxito en la consecución de los objetivos. Realice un análisis rápido de sus componentes.

- Empieza por hacer preguntas

¿De qué estás hecho? ¿Por qué pienso diferente de los demás? ¿Qué me causa ansiedad por los pequeños temas? ¿Por qué me pongo nervioso cada vez que veo extraños? No se pueden hacer preguntas como ésta hasta que se haya tomado el tiempo para pensar en algunas cosas que hace con frecuencia. El objetivo no es que te sientas inadecuado o deprimido. Es sólo para que te mejores.

- Analizar sus hallazgos

Revise sus capacidades sociales, espirituales, de salud, físicas, psicológicas e intelectuales. Un juego de comparación no funcionará aquí. ¡Este cheque es para ti! ¿Qué soy capaz de hacer? ¿Y a qué ritmo soy capaz de hacerlo? ¿Qué me hace aprender rápido con poca energía? "Creo que duermo más rápido cada vez que tomo cereales." "¡Oh! Me duermo casi inmediatamente cada vez que me froto loción en los pies." El análisis te dará suficientes razones para hacer lo que haces.

- Hacer más hallazgos

No se detenga en tu descubrimiento. Haz más investigación en línea. Averigüe si los rasgos que vio en ti mismo también se encuentran en otras personas. ¿Cómo pudieron superarlo? ¿Fueron ellos mismos, o fueron ayudados por un amigo o profesional? ¿Se trata de un comportamiento infantil o de un comportamiento que acompaña al crecimiento hasta la edad adulta? Obtener respuestas a esas preguntas, y muchas más que le gustaría agregar, le da un sentido de identificación.

- Combinar factores

Podrías hacer una conclusión temporal basada en tus hallazgos. Por ahora, tú estás seguro de que lo que siente y cómo se siente es razonable. Tal vez lo que descubriste te ha mostrado que necesitas ayuda. ¡Bien! Estás progresando. No combine ninguna información si no ha realizado una investigación exhaustiva. Ponga cada una de estas entradas juntas y sírvete tú mismo.

2. Tener una definición clara de su objetivo

Lo que a veces vemos como un camino, a veces puede ser un bloqueo. Podemos tender a ver posibilidades de alcanzar un objetivo, pero al final, el resultado parece decepcionante. Esta es la razón. Los seres humanos no han podido decidir adecuadamente sin ningún tipo de prejuicio lo que quieren de la vida. No es tan fácil como pensamos, pero esto es lo que hace que el logro de la meta sea frustrante.

- Identificar la diferencia

Sólo porque sea alcanzable no significa que tenga la misma estrategia que otros objetivos. Comprender la diferencia entre lo que se debe lograr en poco tiempo y lo que se debe cumplir durante toda la vida. Defina cuál es su meta en sus términos. Lo que alguien considera una meta a corto plazo puede ser una meta a largo plazo para ti. Un objetivo a largo plazo no se puede alcanzar si no se desglosa en partes más pequeñas. No hay ningún tecnicismo en absoluto. Una meta a corto plazo es lo que tú deseas alcanzar en un período corto, mientras que una meta a largo plazo tomará un período más largo para alcanzarla (puede ser por meses o años). Su amigo, que sueña con ser un contador público, puede planear ir a la escuela de negocios para ese propósito. Si no sabes que ir a la escuela de negocios es una estrategia para perseguir un objetivo profesional (que es convertirse en un contador público), puedes seguir el ejemplo y frustrarte al final.

- Elaborar estrategias y desglosar la diferencia

Para cada futuro, siempre hay un día para empezarlo. Ese día es el día en el que estás ahora mismo. Y en un día completo comprende horas, minutos y segundos. Haz una justificación de lo que se va a hacer actualmente (en este mismo momento) que ayudará a las próximas 1.220 horas que haya establecido la fecha límite.

Lo que deberían haber logrado en los próximos días no debería confundirse con los próximos años". Tú no tienes que preocuparte durante la próxima década cuando pueda cumplir con éxito el proyecto para el día siguiente.

Tu plan de acción podría consistir en extraer una foto de un bebé y pegarla en la parte posterior de la puerta junto con una imagen de adulto. Ver esas fotos debería recordarte esta guía.

- Tener una dirección clara

Este es el punto en el que la toma de decisiones es esencial. Obtén la confianza para saber lo que quieres. No olvides que tu composición no es sólo psicológica. Tienes que ser lo suficientemente específico en cada área de tu vida.

- Decida y defina lo que desea

¿Qué es lo que quiero en la vida? ¿Qué quiero de la vida? Hazte esas preguntas. ¿Dinero o comodidad? Algunos podrían decir ambas cosas. Pero la verdad es que lo que queremos es un consuelo. Y sentimos que conseguir el tipo de placer que queremos necesita dinero para lograrlo. ¡Eso es cierto! La idea es esta: No queremos que nuestros cuerpos se estresen. Queremos que nuestras vacaciones sean en los lugares más lindos del mundo. El apartamento con vistas al mar siempre ha sido la residencia de nuestros sueños. Esa clase de comodidades que las riquezas pueden obtener podrían no ser del agrado de algunas personas.

Dar a los orfanatos da alivio a algunas personas. Las donaciones a las ONG pueden dar confianza a algunos. Por lo tanto, define lo que quieres y no te confundas debido a las necesidades de otra persona. Tu descubrimiento no debe ser apilado sólo en tu cabeza. Ayúdate a ti mismo escribiéndolo. Tu diario o agenda puede ser un gran amigo con el que se puede resumir.

- Identificar el proceso involucrado

Alcanzar una meta no es automático. No viene como lo proyectamos muchas veces. Hay pasos a seguir para tener éxito en ello. Asegúrate de maximizar cada proceso antes de pasar al siguiente. Podrías haberte fijado el objetivo de leer tres capítulos de un libro al día. Hasta que no haya dominado la consistencia en la lectura de esos tres capítulos, no deberías pensar en aumentar tus metas de lectura a cinco capítulos.

- Llenar el hueco

Motívate para seguir adelante. Siempre que parezca que has perdido tu rutina para alcanzar tus metas, consigue un sustituto para compensar por ello. Podría implicar hacer una revisión o revisión del progreso de tus metas anteriores. Es posible que decidas obtener más información sobre lo que has estado haciendo recientemente. Asegúrate de que no te estás quedando atrás. Ten en cuenta que no debes tomar esto como una excusa perfecta para eludir responsabilidades.

3. Dé el primer paso y continúe

Nada puede ser tan difícil como tener el valor de empezar. Habiendo hecho un análisis apropiado de quién eres y de lo que eres capaz de hacer, ahora eres muy consciente de tus capacidades mentales e intelectuales. Es hora de ponerlos a trabajar.

Empieza con tus habilidades. Todo el mundo tiene algo con lo que es bueno. Y tú no eres una excepción. Dedica tu pasión a tus habilidades descubriendo lo que te ayudará a hacer más. Nuestro objetivo aquí es que canalices esas habilidades para facilitar el establecimiento de tus metas.

4. Obtener un modelo

Imagínate cómo piensa un niño cuando escribe con un lápiz. Es fácil al principio, porque su mano fue sostenida mientras escribía. Alcanzar las metas puede ser lo mismo cuando hay una estructura a seguir.

- Modelo externo

La vida es práctica, así como todo lo que existe en ella. Tu gran motivación podría surgir de tener un modelo de vida. Este modelo es alguien que ha sobresalido en su proyecto propuesto. Podrías decidir elegir un líder de tu lugar de trabajo o de tu grupo social. Los atributos de un líder deben ser más inspiradores que los de un jefe. Descubra uno en el camino de tu persecución. Incluso podría ser en tu reunión religiosa. Una de las cosas hermosas que hay que descubrir en un modelo es el patrón ya preparado que hay que seguir. Es más bien como tener una plantilla con la que trabajar. Con ella, la vida se vuelve más real para ti. Tenderás a encontrar la orientación adecuada sobre lo que haces.

- Sé tu mayor activo

Es bueno que haya alguien alrededor para controlarnos. Pero la mayor motivación que obtendríamos es la energía que proviene de nuestro interior. Nadie puede animarte más que tú mismo. Inspírate a ti mismo a la grandeza. Mírate a ti mismo como un ayudante y como el que necesita ayuda. Es un enfoque contemporáneo para resolver el problema. Eres tanto el consejero como el cliente. Piensa en el tipo de consejo que le darías a un amigo en apuros. Date esto a ti mismo cuando estés en apuros. Puede que no sea fácil al principio. No olvides que este es tu primer intento. Una mejor manera de hacerlo bien es que escribas los consejos cruciales que has dado antes. Debes ser capaz de idear advertencias relevantes que han elevado el espíritu de la gente en un momento dado. Úsalos para ti mismo. También, piense en el mensaje de felicitación que le envió a su familiar en un momento en que él/ella hizo algo espectacular. Menciónatelo a ti también.

5. **Revise su progreso**

Siempre ten en cuenta que tu desarrollo es significativo. Haz una revisión de rutina de tu meta. Haz preguntas relevantes tales como el proceso, los recursos, el sacrificio y el tiempo involucrado. No finjas que no has estado haciendo nada. Vuelva a repasar el primer consejo de esta sección y aplíquelo a tu estrategia de revisión.

7 pasos importantes para planificar el éxito

El éxito en la vida no es accidental. Y para romper la barrera de los principios fallidos, necesitas una nueva conciencia. Define tu éxito, entiende el propósito, y ambos podemos trabajar en un plan. Este enfoque ayudará a abrir la capacidad de afectar el cambio en tu vida. Tiene que venir como una opción para el desarrollo personal.

1. Prepárate mentalmente

Hay realidades para una vida exitosa, y una de ellas tiene que empezar dentro de nosotros. Necesitas estar preparado mentalmente. Esto significa que has establecido tu mente en lograr el éxito. Y tener éxito es la única opción que tienes. Prepara tu mente para ejecutar una tarea diferente que requerirá sacrificio. Habrá una reorganización del tiempo pasado, amigos con los que pasar el tiempo y ciertas cosas que hacer en un período en particular. Crea esa mentalidad positiva para superar cualquier desafío cuando aparezca. Es posible que necesites desarrollar muchas habilidades con las que no estás familiarizado. Debes estar preparado para aceptar el fracaso como un peldaño para ser mejor. Dejar de fumar no debe ser una ruta de escape hacia el fracaso.

2. Mantener una meta expresada

Ser específico sobre el tipo de éxito que deseas es una mejor manera de planearlo. Exprésalo escribiéndolo. Podrías decidir hacerlo más profesional. Estructúralo como una declaración. Que sea lo más transparente posible. Combina las palabras correctas que pondrán tu pie en marcha. No escribas ninguna declaración que parezca demasiado general. Deja que revele su intención de lograr resultados.

3. Recursos de empleados

Se espera que la confusión se establezca durante el viaje del éxito. Prepararse para ello es una manera de demostrar que estamos preparados para ello. Busca personas influyentes a tu alrededor. Algunas personas han estado donde tú planeas estar. Descubre uno de ellos y suscríbete a su enseñanza. Entra en línea y regístrate para recibir correos electrónicos que sean relevantes para tus planes. Escucha y sigue los programas de televisión que se ocupan de las finanzas y la inversión. La transmisión de varios videos en YouTube tampoco sería una mala idea.

4.   Asegurar un plan

A estas alturas, ya deberías haber sido capaz de reunir suficiente conocimiento para darte una ventaja. Diseña la estrategia que más te convenga. No olvides que no necesitas generalizar tus métodos, y empezar por lo pequeño es algo que no deberías olvidar tan pronto. Darse cuenta de las oportunidades que se presentan en el cumplimiento de cada estrategia y aprovéchalas.

5.   Invertir en tiempo

A estas alturas, ya deberías haber sido capaz de identificar tus prioridades. La prioridad es muy importante en la planificación del éxito. No te concentres en una cosa sin crear tiempo extra para que funcione. Durante este tiempo, investiga más sobre tus planes, revísalos y medítalos. Aprende lo que necesitas saber sobre acciones específicas y desarróllate en ellas.

6.   Impulsores

Ve y crea suficiente motivación para mantenerlo en marcha. Empieza con tu fuerza de voluntad. Resuelve cada ansia interior. No querrás volver a tener contratiempos, ¿verdad? ¡No! Luego, coloca los impulsores para ti. No olvides que nadie puede darte verdadera felicidad más que tú mismo. Lo mismo sucede con la motivación. Ten razones para encontrar la alegría en tus estrategias para el éxito, y es por eso por lo que es mejor adoptar un plan que más se ajuste a tus necesidades. Puedes extender un poco de tu motivación a tu amigo. Esta acción funcionará bien cuando les informes de su progreso, y en cada desarrollo, te recompensarán (basado en el consentimiento mutuo).

Podrías hacer un esfuerzo extra para crear lo que yo llamé "competencia de progreso". Significa tratar de obtener mejores resultados en cada pequeño éxito. Este esfuerzo siempre traerá la conciencia para volverse mejor porque continuamente ves el próximo logro como una actualización al anterior. Tu enfoque aquí es asegurar la mejora constante en cada línea de acción.

7. **Aprender de las tácticas**

El mundo gira en torno a las ideas, y a través de ellas nacen las innovaciones. Estudia a los líderes mundiales y a las personas exitosas. Hay atributos específicos que los hacen sobresalir en sus respectivos campos. Puedes adoptar algunos de sus principios. Si funciona para ellos, seguramente sería una guía perfecta para ti también.

Plan paso a paso de 30 días para ayudarte a crear hábitos y aumentar tu productividad

Creo que lo has pasado de maravilla repasando el contenido de este libro. Algunas de las cosas que se han enumerado aquí son pequeñas partes de las cosas que puedes hacer para estimular tu creatividad. A estas alturas ya deberías estar poniendo las cosas en su sitio para poder vencer tus distracciones, crear más concentración y mantenerte motivado. Sabemos que las prácticas aleatorias no conducen fácilmente al éxito. Tiene que haber un plan para obtener lo mejor de las instrucciones. Por eso, he decidido regalarte este plan paso a paso de 30 días para mejorar tu creatividad, motivación y productividad. Este plan está cargado de pequeños puntos que cambiarán tu vida día a día durante los próximos treinta días. Todo lo que tienes que hacer es seguirlo estrictamente y no dudar en ningún momento, sin importar lo cansado que te sientas.

Este aspecto del libro se ha dividido en 30 partes, que representan los treinta días en los que se darán los pasos. Podrás preguntarte si es realmente necesario tomarla un día a la vez. Bueno, depende de ti. Si ya ha conquistado un día del plan, puede pasar al siguiente. Incluso después de experimentar el éxito, por favor no abandones las instrucciones contenidas aquí. Revísalos de vez en cuando, probablemente cada 60 días o como creas conveniente. Toma esto como una guía. Tú te conoces mejor a ti mismo y sabe cómo se adaptarán estas pautas. No dudes en modificarlos como mejor te parezca. No olvides mantener cada hábito que estás desarrollando durante estos treinta días. Cambiará tu vida. Te deseo el éxito.

Día 1	Día 2
Mañana 1. Ejercitar el cuerpo durante unos 10 minutos. 2. Escucha un podcast motivador. 3. Consume una dieta bien balanceada de la lista de alimentos altamente energéticos (ejemplo: arroz integral y batatas). 4. Haz que la mente funcione. Tarde 1. Estudia la tarea en cuestión y trate de identificar los beneficios que se te ofrecen si eres capaz de completar la tarea específica. 2. Toma una breve siesta energética. 3. Lee un libro y refresca la mente.	Mañana 1. Despeja el escritorio de trabajo en el trabajo. 2. Salta y ejercita el cuerpo durante veinte minutos. 3. Repite algunas afirmaciones positivas a ti mismo. Tarde 1. Trata de encontrar maneras y razones para amar mi trabajo aún más. 2. Divide las tareas principales en partes. 3. Establece un marco de tiempo para completar cada parte de las tareas desglosadas. 4. Acaba con todo lo que pueda presentarse como una especie de vía de escape de la tarea en cuestión.

Día 3	Día 4
Mañana 1. Despeja el escritorio de trabajo en el trabajo. 2. Salta y ejercita el cuerpo durante veinte minutos. 3. Repite algunas afirmaciones positivas a ti mismo. Tarde 1. Estudia la tarea en cuestión y trata de identificar los beneficios que se te ofrecen si eres capaz de completar la tarea específica. 2. Toma una breve siesta energética. 3. Lee un libro y refresca la mente. Noche 1. Haz una breve evaluación de mis principales objetivos de vida y ve hasta dónde has llegado para alcanzarlos. 2. Evalúa el día y regáñate de cualquier error cometido.	Mañana 1. Escucha un podcast motivador. 2. Despeja el escritorio de trabajo en el trabajo. Tarde 1. Descansa un poco haciendo algo divertido como escuchar música, pasear con el perro o conversar con un compañero de trabajo. 2. Toma una siesta corta si te sientes cansado o un poco estresado. Esto ayudará a reponer tu mente. 3. Trata de reducir la carga de trabajo postergando algunas de ellas a un momento posterior. Nota: Tú no estás postergando las cosas. Tú sólo estás tratando de proveer a tu mente con la claridad necesaria para completar una tarea en particular. Noche 1. Vuelve a leer el capítulo seis de este libro y descubre lo bien que has estado lidiando con las instrucciones.
Día 5	Día 6
Mañana	Mañana

1. Combina de manera creativa cualquiera de los alimentos que estimulan la energía enumerados en el capítulo uno. Tarde 1. Divide las tareas principales en partes. 2. Establece un marco de tiempo para completar cada parte de las tareas desglosadas. 3. Acaba con todo lo que pueda presentarse como una especie de vía de escape de la tarea en cuestión. Noche 1. Evalúa el día y regañarte de cualquier error cometido. 2. Tome decisiones importantes para el día siguiente de esta noche.	1. Escucha un podcast motivador. 2. No hay tiempo frente a una pantalla hasta que completes una tarea importante. Tarde 4. Estudia la tarea en cuestión y trata de identificar los beneficios que se te ofrecen si eres capaz de completar la tarea específica. 5. Toma una breve siesta energética. 6. Lee un libro y refresca la mente. Noche 1. Evaluar el día y regañarte por cualquier error cometido. 2. Repasa el capítulo cuatro de este libro y recuerda su contenido.
Día 7	Día 8
Mañana 1. Combina de manera creativa cualquiera de los alimentos que estimulan la energía enumerados en el capítulo uno. Tarde 1. Toma una breve siesta de poder.	Mañana 1. Medita durante 10 minutos seguidos. 2. Limpia y despeja tu casa y tus espacios de trabajo para darte alguna forma de claridad. 3. Realiza la tarea más tediosa esta mañana.

2. Coma frutas para el cerebro como los arándanos. 3. Dedica una hora a completar una tarea importante. Noche 1. Pasar la noche haciendo una lluvia de ideas con personas en mi campo que pueden ser buenos mentores. 2. Averiguar maneras prácticas en las que pueda conectarme con ellos y hacer que escojan el interés en ayudarme.	Noche 1. Crea una lista de actividades para el día siguiente. 2. Lea un capítulo de cualquier libro. 3. Vea un video inspirador.
Día 9	Día 10
Mañana 1. Escucha un podcast motivador. 2. Combina de manera creativa cualquiera de los alimentos que estimulan la energía enumerados en el capítulo uno. Tarde 1. Divide las tareas principales en partes. 2. Establece un marco de tiempo para completar cada parte de las tareas desglosadas. 3. Acaba con todo lo que pueda presentarse como	Mañana 1. Toma un vaso de agua a primera hora de la mañana. 2. No hay tiempo de pantalla esta mañana hasta que hayas completado una tarea en particular completamente. Tarde 1. Llama a tu mentor y háblale de tu progreso. 2. Completa una parte de una tarea importante. Noche 1. Lea el capítulo dos de este libro y evalúe qué tan bien

una especie de vía de escape de la tarea en cuestión. Noche 1. Repasar el capítulo uno de este libro y recordar su contenido.	has seguido las instrucciones. 2. Responde correos electrónicos y mensajes de respuesta.
Día 11	Día 12
Mañana 1. Medita durante 15 minutos seguidos. Tarde 1. Toma una breve siesta de poder. 2. Come frutas para el cerebro como los arándanos. 3. Dedica una hora a completar una tarea importante. Noche 1. Haz una lista de las cosas por las que estás agradecido. 2. Recompensarte con algo placentero.	Mañana 1. No hay tiempo de pantalla hasta las 9 de la mañana. 2. Comienza una tarea importante. Tarde 1. Toma una breve siesta de poder. 2. Come frutas para el cerebro como los arándanos. 3. Dedica una hora a completar una tarea importante. Noche 1. Repase el capítulo siete de este libro y recuerde su contenido. 2. Vete a la cama temprano para la mañana siguiente.
Día 13	Día 14
Mañana 1. Combina de manera creativa cualquiera de los alimentos que estimulan la energía enumerados en el capítulo uno.	Mañana 1. Muestra gratitud por las cosas buenas de tu vida. 2. Haz una breve evaluación de tus principales objetivos de vida y ve hasta dónde has llegado para alcanzarlos.

2. Llama a tu mentor y averigua cómo les va. Tarde 1. Haza una pausa de 10 minutos y refresca la mente ya sea con un capítulo de un libro o con un corto clip de inspiración. Noche 1. Haz una lista de cosas por hacer para el día siguiente. 2. Haz una lista de cosas por las que estar agradecido. 3. Haz un balance de los progresos realizados durante el día.	3. Produce una estrategia claramente definida para el día de mañana. Tarde 1. Mantente consciente y trata de identificar las causas principales de tu pereza. 2. Repasa el capítulo ocho de este libro y recuerda su contenido. Noche 1. Haz una lista de cosas por hacer para el día siguiente. 2. Haz una lista de cosas por las que estás agradecido. 3. Haz un balance de los progresos realizados durante el día.
Día 15	Día 16
Mañana 1. Escucha un podcast motivador. 2. A mitad del plan de 30 días: Evaluarte y averiguar qué tan bien te ha ido. Tarde 1. Comienza una tarea importante y un marco de tiempo para que esta tarea sea completada. 2. Toma una breve siesta de poder. Noche	Mañana 1. Haz que la mente funcione participando en algunos juegos mentales. 2. Despeja el escritorio en el trabajo. 3. Divide todos los proyectos grandes en proyectos más pequeños. Tarde 1. Toma una breve siesta de poder. 2. Come frutas para el cerebro como los arándanos.

1. Sal y pasa la noche con un amigo o colega.	3. Dedica una hora para completar una tarea importante. Noche 1. Evaluar y averiguar cuánto has cubierto para lograr mis objetivos.
Día 17	Día 18
Mañana 1. Combina de manera creativa cualquiera de los alimentos que estimulan la energía enumerados en el capítulo uno. 2. No hay tiempo de pantalla hasta las 9 de la mañana. Usa el tiempo para terminar una tarea importante. Tarde 1. Repasa el capítulo siete de este libro y recuerda su contenido. 2. Toma una breve siesta de poder. 3. Coma frutas para el cerebro como los arándanos. Noche 1. Sal y diviértete. 2. Apréciate por cualquier éxito registrado.	Mañana 1. Combina de manera creativa cualquiera de los alimentos que estimulan la energía enumerados en el capítulo uno. 2. Completa las tareas más difíciles del día esta mañana. Tarde 1. Trata de encontrar maneras y razones para amar tu trabajo aún más. 2. Divide las tareas principales en partes. 3. Establece un marco de tiempo para completar cada parte de las tareas desglosadas. 4. Acaba con todo lo que pueda presentarse como una especie de vía de escape de la tarea en cuestión. Noche 1. Haz una breve evaluación de tus principales objetivos de vida y vea hasta dónde has llegado para alcanzarlos.

Día 19	Día 20
Mañana 1. Repasa el capítulo dos de este libro y recuerda su contenido. 2. Combina de manera creativa cualquiera de los alimentos que estimulan la energía enumerados en el capítulo uno. Tarde 1. Divide las tareas principales en partes. 2. Establece un marco de tiempo para completar cada parte de las tareas desglosadas. 3. Acaba con todo lo que pueda presentarse como una especie de vía de escape de la tarea en cuestión. Noche 1. Habla contigo y abordar cualquier forma de miedo al fracaso que persista en tu mente. 2. Reafirma algunas de las citas enumeradas en el capítulo tres de este libro.	Mañana 1. Escucha un podcast motivador. 2. Combina de manera creativa cualquiera de los alimentos que estimulan la energía enumerados en el capítulo uno. Tarde 1. Navega por Internet y estudia la vida de una persona de éxito que admiras. Noche 1. Haz una lista de los cambios más importantes en tu vida desde el comienzo del plan de 30 días. 2. Recompensarte.
Día 21	Día 22
Mañana 1. Combina de manera creativa cualquiera de los alimentos que estimulan la energía	Mañana 1. Escucha un podcast motivador. 2. Medita Tarde

enumerados en el capítulo uno. 2. Inicia una tarea importante. Tarde 1. No hay tiempo de pantalla hasta las 3 PM. 2. Continúa con la tarea principal desde la mañana. Noche 1. Ve y recompénsate.	1. Toma una breve siesta de poder. 2. Coma frutas para el cerebro como los arándanos. 3. Dedica una hora a completar una tarea importante. Noche 1. Haz una breve evaluación de tus principales objetivos de vida y ve hasta dónde has llegado para alcanzarlos.
Día 23	Día 24
Mañana 1. Haz que la mente funcione participando en algunos juegos mentales. Tarde 1. Trata de encontrar maneras y razones para amar tu trabajo aún más. 2. Divide las tareas principales en partes. 3. Establece un marco de tiempo para completar cada parte de las tareas desglosadas. 4. Acaba con todo lo que pueda presentarse como una especie de vía de escape de la tarea en cuestión.	Mañana 1. Escucha un podcast motivador. 2. Haz ejercicio durante 10 minutos. Tarde 1. Toma una breve siesta de poder. 2. Coma frutas para el cerebro como los arándanos. 3. Dedica una hora a completar una tarea importante. Noche 1. Sal por una noche con un colega o amigo.

Alto a la procrastinación

Día 25	Día 26
Mañana 1. No hay tiempo de pantalla hasta las 9 de la mañana. 2. Empieza una tarea importante. Tarde 1. Estudia la tarea en cuestión y trate de identificar los beneficios que se te ofrecen si eres capaz de completar la tarea específica. 2. Toma una breve siesta energética. 3. Lee un libro y refresca la mente. Noche 1. Repasa el capítulo seis de este libro y recuerde su contenido. 2. Completa una tarea importante.	Mañana 1. Combina de manera creativa cualquiera de los alimentos que estimulan la energía enumerados en el capítulo uno. Tarde 1. Estudia la tarea en cuestión y trate de identificar los beneficios que se te ofrecen si eres capaz de completar la tarea específica. 2. Toma una breve siesta energética. 3. Lee un libro y refresca la mente. Noche 1. Haz una breve evaluación de tus principales objetivos de vida y ve hasta dónde has llegado para alcanzarlos.

Día 27	Día 28
Mañana 1. Combina de manera creativa cualquiera de los alimentos que estimulan la energía enumerados en el capítulo uno. 2. Evalúa tu plan a largo plazo y descubrir lo que no está produciendo resultados. 3. Piensa en nuevas ideas y planifica para crear una mejor solución. Tarde 1. No hay tiempo frente a una pantalla hasta que complete una tarea importante. 2. Haz una breve siesta energética. 3. Ve a dar un paseo y refresca tu mente. 4. Realiza el ejercicio cuatro y los ejercicios de enfoque enumerados en el capítulo cinco. Noche 1. Recompénsate por el día. 2. Evalúate y descubre el éxito que has tenido a lo largo de la semana.	Mañana 1. Medita durante 10 minutos. 4. Repasa el capítulo ocho de este libro y recuerda su contenido. Tarde 1. Estudia la tarea en cuestión y trate de identificar los beneficios que se te ofrecen si eres capaz de completar la tarea específica. 2. Toma una breve siesta energética. 3. Lee un libro y refresca la mente. Noche 1. Haz una breve evaluación de tus principales objetivos de vida y ve hasta dónde has llegado para alcanzarlos.
Día 29	Día 30
Mañana 1. Combina de manera creativa cualquiera de los alimentos que estimulan	Mañana 1. Haz que la mente funcione participando en algunos juegos mentales.

la energía enumerados en el capítulo uno. **Tarde** 1. Repasa el capítulo tres de este libro y recuerde su contenido. 2. Completa una tarea importante antes de tener tiempo de pantalla. **Noche** 1. Llama a tu mentor y pídele consejo sobre algunos puntos específicos de preocupación. 2. Haz planes sobre cómo poner en práctica los consejos dados.	2. Combina de manera creativa cualquiera de los alimentos que estimulan la energía enumerados en el capítulo uno. **Tarde** 1. Estudia la tarea en cuestión y trata de identificar los beneficios que se te ofrecen si eres capaz de completar la tarea específica. 2. Toma una breve siesta energética. 3. Lee un libro y refresca la mente. **Noche** 1. Haz una breve evaluación de tus principales metas en la vida y ve lo lejos que has llegado con el logro de ellas. 2. Haz evaluaciones y vea cuánto has avanzado en el plan de 30 días.

Conclusión

Definitivamente ha sido un viaje, y creo que tú te has sentido motivado para superar la procrastinación y aumentar tu productividad. Pero recuerda, no termina ahí. Tienes que poner tu esfuerzo para lograr el éxito finalmente. Una cosa es leer un libro excelente y estar motivado, y otra cosa es poner en práctica todo lo que se ha enseñado. Es la acción la que diferencia a un ganador de un perdedor. Entonces, ¿Cuál será para ti? ¿Terminarás este libro y olvidarás todo lo que se te enseñó? Espero que no, porque eso sería un desastre. Comienza a aplicar todas las tácticas y técnicas que se han enumerado y ve cómo tu vida cambia para mejor.

He simplificado las instrucciones contenidas en este libro para ti, en forma de un plan de 30 días. Sigue las instrucciones dadas día tras día, y síguelas de manera consistente y religiosa. Recuerda que el cambio es un proceso gradual. Puede que no notes el cambio el primer día, pero con el tiempo verás que ya no eres la misma persona. Las investigaciones han demostrado que cualquier acción que se lleve a cabo durante más de 21 días se convierte finalmente en un hábito. Por lo tanto, para crear el hábito de la productividad, tienes que seguir los pasos que te he dado. Al final de los 30 días, notarás un gran cambio en tu vida y tendrás un testimonio para compartir con tus amigos.

Te deseo éxito y más productividad en tu vida mientras tomas acción hoy. Recuerda, tu mente está bajo tu control.

www.ingramcontent.com/pod-product-compliance
Lightning Source LLC
Chambersburg PA
CBHW031106080526
44587CB00011B/857